民國歷史與文化研究

十 三 編

第 **7** 冊

京劇名票錄（上）

李 德 生 著

花木蘭文化事業有限公司

國家圖書館出版品預行編目資料

京劇名票錄（上）／李德生 著 -- 初版 -- 新北市：花木蘭文
化事業有限公司，2021〔民110〕
序 20+ 目 8+140 面；19×26 公分
（民國歷史與文化研究 十三編；第 7 冊）
ISBN 978-986-518-480-3（精裝）
1. 京劇 2. 傳記 3. 人名錄 4. 中國
628.08 　　　　　　　　　　　　　　110010861

ISBN-978-986-518-480-3

9 789865 184803

民國歷史與文化研究
十三編 第七冊　　　　　　　ISBN：978-986-518-480-3

京劇名票錄（上）

作　　者　李德生
總 編 輯　杜潔祥
副總編輯　楊嘉樂
編　　輯　許郁翎、張雅淋、潘玟靜　美術編輯　陳逸婷
出　　版　花木蘭文化事業有限公司
發 行 人　高小娟
聯絡地址　235　新北市中和區中安街七二號十三樓
　　　　　電話：02-2923-1455／傳真：02-2923-1452
網　　址　http://www.huamulan.tw 信箱 service@huamulans.com
印　　刷　普羅文化出版廣告事業
初　　版　2021 年 9 月
全書字數　209540 字
定　　價　十三編 9 冊（精裝）台幣 25,000 元

京劇名票錄（上）

李德生　著

作者簡介

　　李德生，1945 年出生，籍貫北京，現旅居加拿大，係加拿大文化更新研究中心研究員，致力於東方民俗文化和中國戲劇之研究。有如下著作出版：

《煙畫三百六十行》（臺灣漢聲出版公司出版，2001 年）

《丑角》（中國百花文藝出版社出版，2007 年）

《京劇的搖籃——富連城》（中國山西人民出版社出版，2008 年）

《禁戲》（中國百花文藝出版社出版，2008 年）

《清宮戲畫》（中國百花文藝出版社出版，2011 年）

《梨花一枝春帶雨－說不完的旗裝戲》（中國人民日報出版社出版，2013 年）

《禁戲圖存》（中國社科出版社出版，2019 年）

《粉戲》（臺灣花木蘭文化事業有限公司，2021 年）

《血粉戲》（臺灣花木蘭文化事業有限公司，2021 年）

《束胸的歷史與禁革》（臺灣花木蘭文化事業有限公司，2021 年）

提　　要

　　在京劇藝術發展的歷史長河中，除了歷代專業藝術家們的辛苦創造外，遍及各地的票房和成千上萬的票友，對京劇浸注的無比熱情和在多方面、多角度的殷勤奉獻，更有著不可磨滅的功績。這些票友儘管身份不同、社會地位各異，上及皇親國戚、豪紳巨賈，下至平民百姓、引車販漿者流，他們對京劇藝術的發展，則是：有權的使權、有智的奉智，有錢的出錢，有力的出力，能演的演、能寫的寫、能畫的畫，能幫的幫、能捧的捧。他們齊心協力，以堆沙成塔、積水成淵的精神，共同營造起京劇藝術的象牙之塔。票房、票友是京劇藝術的群眾基礎和堅固的基石，他們的貢獻是京劇發展史中不可忽視的重要篇章。筆者從現存的戲劇史料、舊典軼事的斷簡殘篇之中，集得清民時期各界京劇名票（以其出生於上世紀三十年代以前者）二百餘人，記其行述和貢獻，草成此書。以供戲劇愛好者和研究者們參用。

代序：票房與票友

票房

　　票房二字，在《現代詞典》中原本這樣解釋，一，指戲院、火車站、輪船碼頭等處的售票處，人們都叫它「票房」。票房的英文為「Box Office」，直譯的意思為「盒子辦公室」。這個詞來自於早期的戲院，要進入便宜的座位區看戲，需花費一個銅板。入場時，要把這枚銅板放在入口處的一個上著鎖的小箱子裏。當箱子滿了的時候，會有工作人員將箱子拿進一個小房間進行清點。現在，人們把這一含義加以引申，用來指一場戲、一部電影、或一次演出所產生的經濟效益，這種效益用觀眾人數或門票收入來計算，以衡量它的經濟價值，稱之為「票房」，也就是「票房價值」的縮寫。「票房」的好壞，就成為今日電影、戲劇是否成功的一項重要指標。

　　其二，「票房」是指舊社會土匪拘留被綁架人的地方。作家姚雪垠對「票房」二字這樣注釋：「江湖上將被綁架勒贖的人叫做『票』，加上一個名詞語尾，便成『票子』。拘留票子的地方叫做『票房』」。當然，這些意思不在本文的討論之列。

　　「票房」還有一種解釋，是指民間社火、曲藝和戲劇愛好者們聚在一起歌舞行樂的場所。據民俗學家齊如山先生考證的「票房」來歷，說是在清廷入關之後，為了安撫漢人，向漢人說明他們為什麼入關，入關來幹什麼？依照他們當時的解釋是，他們不忍看到中原的戰亂，不忍心看到李自成殺人太多，要穩定中原，救百姓於水火，這才率部入關靖難的。為了宣傳這套輿論，清朝政府就專門設立了一種官辦的票房。通過票房把民間的說唱藝人組織起

來，集中到票房裏進行培訓。官方把編寫好的、為大清歌功頌德的唱本交給他們，讓他們練習、說唱，唱熟以後，唱手和樂手組成對子，每對發給一張龍票，分別派到三江四省、城鄉村鎮去說唱宣傳。這張龍票就相當一張政府開具的介紹信，無論走到哪裏，只要向當地衙門一出示，衙門便會有人出面接待，安排吃住。並且負責張羅場地，組織百姓前去聆聽。在當時，是一種用說唱的形式來拉攏人心、粉飾太平的政治措施。也正是這種措施，使民間的大鼓書、八角鼓、太平歌詞等曲藝形式繁榮起來。凡在票房註了冊的民間藝人、或八旗子弟，皆稱為票友。這樣的稱呼，一是提高了這些說唱者的社會地位，其二，也是為了區別於民間班社的普通藝人。

大清江山坐穩了以後，官辦票房的政治作用逐漸喪失了，但它的稱謂和形式並未撤消，在社會上仍然很流行。八旗子弟們嗜愛曲藝、嗜愛戲曲成風，並以登臺獻藝、四處演唱為光彩。他們不以此為謀生營利的手段，反而自掏腰包，「花錢買臉」，落個過癮、痛快。他們的活動地點還叫票房，他們的演出則稱走票。此風傳之已久，民間文人的雅集、同好的唱和，乃至鄉鎮的社火，諸如五虎棍、獅子會、高蹺、旱船等組織的活動場所，也都統稱票房了。（見齊如山著《齊如山回憶錄》）

據張伯駒先生考據，「非伶人演戲者稱票友，其聚集排演處稱票房。其始在乾隆征大小金川時，戍軍多滿洲人，萬里征戍，自當有思鄉之心，乃命八旗子弟從軍歌唱曲藝，以慰軍心，每人發給執照，執照即稱為票。後凡非伶人演戲者，不論昆亂曲藝，即沿稱為票友矣。如清親貴瀅貝勒之子溥忻、恭王奕訢之孫溥僡，皆善唱牌子曲，有由來矣。」並作詩云：「八旗子弟氣軒昂，歌唱從軍號票房。大小金川爭戰地，不教征戍盡思鄉。」（見張伯駒《紅毹紀夢詩注》）

劇評家江上行先生考證與之相似，謂：「清代雍正未接皇位前，喜與善歌者往還。登位後，因念及舊雨乃發給龍票，作為這些人的生活費用。但禁止與戲班相混，以示與伶人有別。從此，凡好唱而不以此為生者，均被稱為票友。票房，就是票友集合之所。最早出現的是崑曲票房，稱之為曲社，後來又有了京劇票房。」（見江上行撰《京劇票友·序文》）

京劇票房

乾隆五十五年（1790 年），為了慶賀清高宗的八旬萬壽，江南著名的三

慶、四喜、春臺、和春四大徽班進京，演出了很多好戲。這些戲引起了皇室和平民百姓的莫大興趣，於是，這些班社就留在了北京。後來，經過徽、漢、崑、弋諸班長時期的互補融合，一個新的劇種——京劇就誕生了。並且在同、光年間，湧現出一大批優秀的京劇演員。前後「三鼎甲」、「同光十三絕」、程長庚、余三勝、張二奎、胡喜祿、梅巧玲、徐小香、譚鑫培、王瑤卿等伶人的大名如日中天。加之慈禧太后對戲曲的恩寵，宮中日日作場、夜夜弦歌，還特准宮外名伶進宮演戲、兼以教習，封供奉，厚賞賜，使得京劇名伶地位之高，足以名動公卿。

「上有好者、下必甚焉」，到了清代末年，儘管國事日益不堪，但上至達官顯貴、下至市井小民，莫不以能唱上兩句 [西皮]、[二簧] 為榮，乃至引車賣漿者流，也會學上兩句孫菊仙和劉鴻升。似這等風光，使得京劇票房如雨後春筍一般遍及京城。此時，人們再提「票房」，便是指京劇票房了。

票房的類別

目前有據可考最早出現的票房是北京的「三簧一韻」。成立於同治三年（1864 年），社址在宣武區王恭廠。 自此到民國二、三十年間，全國各地大大小小的票房多如牛毛，不可勝數。北京、天津、上海、武漢、南京、常州、蘇州、四川、濟南、青島及至香港、澳門，可以說，凡有人群、凡有唱戲的碼頭，就有京劇票房。不過「人以群分」，不同階層的京劇愛好者，去的是不同階層的票房。不同階層的票房又各有不同的特色。筆者將其大致分了一下，約有如下幾類。

先說說「王爺」票房。早年間的北京，有肅親王善耆在東交民巷南御河橋府邸開辦的「肅王府」票房，有前清達王竹香在東皇城根達王府偏院辦的「達王府」票房，還有貝勒載濤在東城固倫榮壽公主府跨院開辦的「楊威」票房等，這些都屬於「王爺」票房。

這類票房屋宇寬敞、院落宏大，設有練功房、排練廳、煙榻，有的宅子內還有戲臺，自己備有行頭和把子。前來聚會的多係滿清的王公貴族、世家子弟， 如親王、貝勒本人，還有博迪蘇公爵、阿穆爾靈圭親王、溥緒、載洵、溥銳、祺勘莊、祺貽莊、祺少疆、世哲生、毓子良等人。票房每星期聚會一、兩次或兩、三次。遇有彩排，則連日活動，幾無休息，比外界的民營班社還忙活。這類票房財大氣粗，長年聘請名伶教習，如錢金福、范福太、朱文英，

張淇林、遲月亭、范寶亭等,皆係重金禮聘。每逢慶壽堂會、節慶彩串時,還邀請當紅的名伶和富連成科班裏的尖子方連元、羅連雲、馮連恩、郝連桐等內行,一起合作演出。

「王爺」票房有錢有勢,諸事糜費奢華,就是民國以後,皇室式微,但是為了門面,依然「倒驢不倒架」,玩票花錢,毫不含糊。但這類票房票友的演出水平,說來並不太高,大多流於一般。一是票友都是皇族貴冑,只是附庸時尚,湊熱鬧、擺闊氣,並無真材實學。儘管有好的教習,也不一定下過苦功,臺上未必精彩。而配演的演員多是好佬,人們爭著去看演出、去叫好、捧場,大多是衝著配角而來。不過,個別的「王爺」票友也是很出類拔萃,像溥侗、溥緒、載濤等,他們從小在戲臺前後泡大,見多識廣,又得到行家們的親炙,他們演的戲往往藝勝一籌,連內行也很佩服。不過,這種票房對平民票友是向不開放的。

還有一種「豪富」票房,是由清室遺民、富家子弟開辦,本家兒除了自己鋪張娛樂外,更是為了張揚門面,放份擺闊。如創辦於光緒十六年(1890年)的元明寺票房,係魏耀亭創辦。票友有花旦陳子芳等。「雅韻集賢」票房係光緒十九年(1893年)成立於宮門口三條,創辦人為李靜山。票友有花臉蘇子敬,老生清靜泉等。還有「悅性怡懷票房」,建於光緒二十年(1894年),社址西單大街,主辦人為祥瑞峰。票友有旦角安寶臣等。這些創辦人都有錢、好戲,為戲破財,再所不惜。其中,北京德勝門內甘水橋的「果子觀」票房,還有麻花胡同的「繼家」票房,最為典型。

果子觀票房是由滿族貴冑汪紹開辦的,當時入會的名票有程茂亭、恩禹之、張小山、喬藎臣、張德趾、呂正一、趙芝香、翁麟聲(翁偶虹)、關醉蟬等人。演出時,全按內行規矩辦理,儼然像一個專業戲班。汪紹是一個八旗紈褲,嗜戲成癮,專工老生,曾拜王長林為師,以演出《審頭刺湯》和《孝感天》二劇蜚聲遐邇。他為了玩票一擲千金,不知耗費了多少錢財。最後,淪落到傾家蕩產、舉家食粥的地步,下場十分淒涼。那真是:得意時花團錦簇、眾星捧月,名伶爭傍;一但財盡,六親遠離,伶票舊友見之遠避。連昔日傍吃傍喝、受金無數的教習們,一個個也都白眼相向、視為漠路。其臨終時曾向隅垂淚,留下「妓女無情、戲子無義」的恨話。

麻花胡同的繼家票房,是前清內務府總管繼子壽的八太太出資,由內侄榮稚峰在宅院內成立起來的。這位榮少爺工老生,為了學戲不知花了多少銀

錢。票房辦得很紅火，每逢三、六、九日必定開唱。他本人也票演了很多戲，如《機房訓》、《賣馬當鐧》等，全是用錢堆出來的。票房從民國四年（1915）辦起，一直辦了十多年。前來參與者全是京、津名票，名伶蕭婉秋、尚遜之、溥華峰、秦漁村、明娃娃、王福山等人也常來捧場。

當年，繼家大宅門「擺闊」是相當有名的。繼八奶奶是前清道臺家的閨女。最講究排場，是個花錢不眨眼的能手。她每年都要辦幾次大壽，唱堂會，恨不得把京城最有名的角兒們都請來。屆時，大宅院裏張燈結綵，擺滿了八仙桌、太師椅、銀盾、花籃，每桌設四乾、四鮮、四點心，還特印大紅灑金戲單。專有下人、知賓殷勤侍候來賓。榮稚峰率領票房子弟和名伶大腕兒在此大顯身手。演出當中，臺下來賓吃喝除外，散戲後，還有衣料、首飾、工藝品等禮品奉送，人人有份，以示本家謝步道乏。後來，繼家的家財蕩盡，人作鳥獸散，票房也就關門大吉了。

還有一類「精英」票房，應說是票房的砥柱。如北京西直門盤兒胡同內的「翠峰庵」，前門外三里河浙慈會館的「春陽友會」，西單牌樓舊刑部街意園別墅的「言樂社」，這都是可圈可點的高級票房，他們為京劇事業做出不小的貢獻。

「翠峰庵」「賞心樂事」票房，是同治年間由清室後裔載雁賓創辦起來的。載公是個風雅之士，時人稱之「小孟嘗」。社內票友皆是有學識、能書善畫的文人墨客，他們對劇情戲理、人物、戲詞、音韻、唱腔的推敲研究，遠遠超過一般藝人。上得臺來，自然藝高一籌，形成最早的一個京劇藝術研究團體。該社培養出許多名票，劉鴻聲、金秀山、德珺如、汪笑儂、郝壽臣等人，「下海」以後，都成了一代名優。

「春陽友會」是樊棣生於民國二年（1913）秋天成立的。票房內的一切設施與正式劇團無異，還邀請內行姚增祿、錢金福任教。票友的水平之高，它社莫比。如陳遠亭、郭仲衡、恩禹之、喬藎臣、包丹庭、柏心庭、世哲生、鐵林甫、王又荃、朱琴心、林鈞甫、松介眉、周裕庭等人都是當時的名流。余叔岩在沒有成名之前，也經常和程硯秋來此演唱。

「言樂會」，是溥侗與恒詩峰在民國七年（1918）成立的一個票房。內行陳德霖、余叔岩、言菊朋、王長林、遲月亭、鮑吉祥、范寶亭、馮蕙林、金仲仁、姚增祿、包丹庭、王福壽也都參與其事，票友則多係春陽友會的名票。這

類「精英」票房，不僅培養出很多傑出的戲曲人材，如言菊朋、奚嘯伯等一代大師，同時，還培養出一批京戲表演理論研究者和劇評家。

在上海則出現了「盛世元音」、「市隱軒」、「餘時學會」、「雅歌集」等票房，票友也都名流雅士，如文幻俠、李叔同、孫芝圃、錢秀山、屠開徵、屠開泰，以及羅亮生、梁秉均、吳潤身、唐文羲等人。他們在票房中既研究京劇，也在探索舊劇的改革和新劇的創造。在早期戲劇史中堪稱獨步。後期成立的「震環社」、「振聲社」、「春雷社」票房，也聚集了一幫新人物，如劉雲生，王玉書、蘇雪安、張翰臣、王又宸、許良臣等名家。「久記社」的李瑞九、周劍雲、鄭正秋、馮叔鸞、吳我尊、鄭鷦鴣、管海峰、歐陽予倩等精英人才，不但學識淵博，而且，從不同角度對京劇藝術的提高，也都起過重要的促進作用。

還有一種「俱樂部」性質的票房，如上海的「申商」、「中華」、「正誼社」、工部局華員俱樂部、海員俱樂部、友聲旅行社；北京的「集賢會」、「華商會」、天津的「永興」、「遙吟」、「渤海友」、「十二沽」等，都是紳商巨賈出資興辦的。是一種以京劇為由頭的聯誼場所，好京劇的，盡可弦歌自娛；不好京劇的，也可以入會，以票友的身份在會裏會外進行公關、社交活動。因為這種票房的會員雜亂，後來不少就徒設虛名，淪為徵花聚賭之所了。

在上海還有一種「聞人」票房，如黃金榮的「榮社」、杜月笙的「恒社」、袁履登的「臥雪樓」，都是幫會大老開辦的票房。表面是京劇雅集，但實際上是凝聚幫會成員的一個組織。這些社會聞人只是牽頭，很少直接參與票社活動。遇有大事，如賑災捐助、舉行大型義演活動時，他們才親自出面，振臂一揮，應從者眾，既能把事辦好辦大，個人又名利雙收。有時，他們也攜手票房弟子一起粉墨登場，但多是逢場作戲，圖個熱鬧。譬如杜月笙演黃天霸，自嘲是為了「亮亮行頭」；王曉籟演《空城計》的司馬懿，硬要帶兵闖進西城，臺上臺下，落個哄堂大笑而已。但是，這類票房也有一定的凝聚實力，其中也不乏人材和排演的好戲。例如民國十六年，恒社票友客串，大軸是名票顧森柏的《蘆花河》，此人文武昆亂不擋，很少登臺作場，是日演出之精彩，伶票兩界都得讚佩。同年榮社票演，有「南蹺第一」之稱的戎伯銘和畫家名票張光宇的《虹霓關》，還有名票蘇少卿、俞振飛、袁寒雲合演的《御碑亭》，這都是難得一見的好戲。

還有一類「演藝界」的票房，在二、三十年代也很耀眼奪目。尤其是電影界的票友風頭最健。發起之端，是電影導演張石川為了拍古裝戲劇電影培

訓演員，在公司內部辦起了京劇票房，生、旦明星就都伊伊呀呀地唱了起來，當了京劇票友。本來就是門裏出身的李麗華，票戲如同重操舊業；夏夢雖然是半路出家，也能粉墨登場；胡蝶雖然南音太重，但也不甘落後，曾親自登門找梅蘭芳拜師學藝。程之在其父程君謀的指導下，也演起了諸葛亮。這類票房不僅把京劇煽得更火，同時也推動了京劇藝術與電影的結合，不少京劇傳統戲搬上了銀幕。

民國伊始，不少學校還出現了「師生」票房，此舉原為天津南開學校張伯苓校長所創，一度為人垢病。但隨著歐風東漸，學校票房成為一種時髦的事情，得到社會輿論的支持。學生時代的周恩來、曹禺，均在這類票房中受到鍛鍊。此後，燕京大學、復旦大學、北京醫大、北京師大、杭州美專等校也搞起了師生票房，並從這些票房中走出了楊畹儂、田淞、趙榮琛、劉增復、李苦禪、朱家溍等一系列「文墨」名票。

二、三十年代，隨著京劇熱的升溫，民間的「行業」票房也頗盛行，如北京的皮草行、糧行、勤行，上海‧天津的棉紗行、鹽行、醫行，以及洋行、煙草公司、電車公司、郵政局、鐵路局、保險公司等，都紛紛辦起了內部票房，藉以繁榮業內同仁的業餘生活。其中，以銀行、鐵路系統的票房辦得更有聲色，出了不少名票，如臭敬一、劉叔度、王君直、竇硯峰、王庚生等，他們對保留傳統技藝，促進流派的形成和發展都起到積極作用。協和醫院票房還殺出了兩位紅極一時的朱琴心、張稔年。

還有一些設在四城茶社裏的「清音桌」，也屬票房性質。如馬連良的父親馬西園，在阜成門外檀家道經營的大茶館，不少伶人、票友如劉鴻聲、金秀山、德珺如、郎德山等，經常聚會調嗓，安敬之也常到此清唱。他的唱腔、做派對幼年的馬連良影響很大。位於安定門外下關的柳園茶社、前門外觀音寺的第一樓茶社，水平高、場面齊、主持人為書子元、馬俊濤。名伶李洪春、楊寶忠、陳喜興、李鳴玉、朱桂芬、梁小鸞、蔣君稼等，均來此活動。此外，崇文門外北羊市口青山居茶社、地安門外的東和順茶社、前門外的賓宴樓茶社、以及東安市場內的德昌茶社等，也都是有名的京劇茶社。北京最後一個清唱茶館是安定門內「西大院茶館」，1956 年歇業，票房移至安定門外甕城廟內。1958 年遣散。

然而，在全國各地最為普遍的是「平民」票房，數量之多、星羅棋佈，猶如星星之火，簇擁著如日中天的京劇，給京劇藝術奠定了堅固的基石。如，

天津由鐵路系統員工組成的北寧票房，他們的陣容逐漸強大，文武場面俱全。能與大戲班媲美，演出的劇目也很多，有《四進士》、《群英會》、《龍鳳呈祥》等。又如，1928 年，周鼎忱等人在青島組織的票房「和聲社」，以「和弦之聲，移風易俗」為信條。社址保定路 28 號原青島地方銀行舊址。有吳鐵庵、馮子和、徐振芳等京劇名家加盟，由吳鐵庵兼老生教師；馮子和兼旦角教師；徐振芳為淨角教師兼司鼓。也搞得頗有聲色。

上世紀三、四十年代，海外僑胞出於對祖國傳統文化的熱愛，也出現過不少京劇票社，如美國的「漢聲」、「中華」、「雅集」等，其中「中華」國劇社，可溯源到 1950 年的「燕江公所」，是由一批來自中國大陸的京劇愛好者組成，內有蔣任和任職國際貨幣基金組織的顧翊群及其夫人，還有張耀德，京劇學者劉大中，以及商界人士李大為等。幾年來，他們演出過三百多場大戲。在管理運作上，實行民主制度，社長輪流做，能者多勞。毛先榮等社長，都在任上做出過很大貢獻。使中華國劇社四十年來屹立不倒。再如，加拿大的「華頤」、「頤社」，英國有「維特」、日本有「東京票房」等票社，都是海外唱京劇、票戲的處所。其中，也出現了不少名票，例如夏蕭儀靜、楊聯陞、張仲珺、章英明、李大為、蘇沈明霞等，均很出色。

上世紀五六十年代，臺灣愛好京劇的人很多，僅臺北就有大大小小 200 多個票房。「響宴國劇社」是臺北每天都開放的票房。坐落在老城區的深巷裏。室內布置像個傳統老茶館。票友可以在那裡弔嗓子排戲，交流學習。對臺灣國劇的發展貢獻絕大。

大陸解放後，國家的體制變了，有錢有勢的大佬們都消聲匿跡了，「有閒的老九們」也沒有更多的閒情逸致，私家票房紛紛關門，票房這一名詞也就逐漸消失，票友的稱謂也就不復存在了。但群眾對京劇的熱情並未減少，代之以各單位、工廠在工會組織領導下的業餘京劇組織。舊日，沒有條件進入票房的工人、群眾京劇愛好者，也可以儕身其內，出現了不少出色的業餘演員。

五、六十年代，政治空氣左傾。尤其全國以「階級鬥爭為綱」時期，某某票房抓出了特務和壞分子的傳言不斷。社區也要求對票房進行政審和法人登記制度。加之「禁唱老戲」，提倡「革命現代戲」，截至「文革」之前的三四年，幾乎所有民間票房全部消失了。代之以革命青年組織的「毛澤東思想宣傳隊」。

　　「十年浩劫」以後，群眾性的京劇票房再度興起，票友成千上萬，名票更是層出不窮。不過，目前本書先著重述舊，因篇幅所限，且以 1930 年以前出生的老名票為一界限，優先給以著錄。而三十年代以後出生的名票們，則容當日後另行補述了。

票房的申辦

　　早年間，成立票房是一件很嚴肅的事。籌辦之初，即需向社會局提出申請，還要向管理演戲的精忠廟備案。筆者在編纂《京劇的搖籃——富連城》一書時，曾向臺灣著名演員孫元坡先生就教。他說，他曾在包緝庭先生處看過一張光緒年間某票房的申辦文書。有一尺來高、二尺多長，用小楷工整書寫的。上面的內容大祇為：申請人、協辦人、主持人的出身、職業、住址，注資數目、經費來源。票房地址，教習姓名。還寫明票房的宗旨和保證。如雅集自娛，教化忠義、不習不演違情悖理、有傷風化之戲。一應開支，會費公攤、不事經營活動等等，看似是依照一種官方指定的格式和內容撰寫的。最後是申辦人和中保人等的簽字畫押。

　　從這一紙文書上可以知悉，票房，做為一個民間社團組織是必須遵紀守法、接受政府管理和監督的。首先，它不能涉及任何政治活動。其次，在演出劇目上謹遵「高臺教化」的宗旨，不排不演誨淫誨盜的劇目。事實也的確如此，一般伶人班社所演的《雙搖會》、《大嫖院》、《送枕頭》、《打槓子》等低俗的涉黃劇目，以及《殺子報》、《也是齋》、《馬思遠》等「血粉戲」，票房從來是不排不演的。此外，演戲不以營利為目的，絕不與專業班社爭業務。最早的票房應堂會、走票不僅自帶場面、行頭、連茶水都是會中人自己挑著挑子自備。並且事先向事主聲明，票演完全義務，謝絕一切酬勞。到了民國以後，有些票房才開始接受主人的答謝，但也只限於飯局而已。票房經社會局批准後，方可正式開展活動。當票房終止活動時，也必須向社會局說明理由，方能報散。在上海方面也是如此，申報票房要經過地方或工部局審批備案。

　　民國成立後，對戲劇的管理部門依然是各省、市社會局負責。票房的申辦程序也因襲前科。拿北京為例，民國十七年（1928）政府南遷，北京改為「北平特別市」，成立了戲劇審查委員會，擬有《管理規則》，由吳曼公、張毓麟等人負責對劇團、票社的核批，以及演出劇目的審查。當初，以「有傷風化」罪驅逐白玉霜、拘役徐碧雲，也都是經社會局呈報，市長批准，由公安局

執行的。其後，儘管時局多變，但政府對民間劇社和社團的管理，也從未放任自流過。其中，也包括對京劇票房的管理。三十年代，社會局曾以「票友失檢」為名，查封錢糧胡同票房便是一例。

票房的管理

舊時，票房的內部管理、組織分工也很細緻。會首都是發起人，出資、出地方，承擔法人責任。一旦票房發生不良事故，政府將對會首問責。一般的票房，會首便是主持人。但有的票房，會首愛戲，而不票戲，只是出錢擺份，票房事務委託他人主持。票房還推選一位賢良公正之人負責財務，會費管理、日常支出，悉入賬目，以備查看。票房還有幾位助手，負責文武場面、桌椅、茶具、水牌、筆墨的收拾保管。大票房裏，這類工作由宅內下人或班社中的內行料理，票房支以小費。小票房，則由票友輪流值事。每逢票房活動日，主持人必將早早到場，指揮幫手布置場面、座位，燒好開水，號寫「水牌子」。他根據票友們的水平、專長，在水牌上寫出當日過排戲目。如果票房請有專職教習，還要爭取一下教習的意見，再做安排。

大的票房聘有專門的內行提調，下邊分有文武場、衣箱把子和水鍋龍套的負責人。排起戲來，直恭直令，各司其職，與正規劇團一模一樣。票房還設有交際處，專人負責外聯，接恰堂會、走票、彩唱，協調兄弟票房之間的合作、觀摩等事宜。就是小的票房，這些事務也必不可少，由大家分擔，「麻雀雖小、五臟俱全」嘛！

票房是非營利組織，經費來源有如下幾方面。一是票首的投入，開辦經費的第一桶金要實繳入賬。這要看票首的身份和財力。「王爺」票房、紳商巨賈的票房，自然不計較此事。「開得起飯店，就不怕大肚漢」，玩得起，花點錢算什麼！不僅捐出房子，還會投入一筆像樣的款項為票房墊底，以備不時之需。另一筆收入來自票友的會費。大票房每年會費有的高達三、五十元大洋；職員票房的會費一般為十元、八元不等。而平民票房一年僅三、兩元而已。其他收入則是會員的個人捐助。票房的一角常年放著一個大水果盤，會員可自願奉獻，無計多少，但憑自己。這些錢由管事的筆筆上賬，用於會內開支。

票房的開支都有哪些呢？活動時的茶點費、紙煙費；鑼鼓場面損壞了的置辦費；社中如無琴票、鼓票，需外請琴師、鼓佬的車馬費；排戲時，請專業老師的指點費，和支付幫忙打雜人的小費，如此而已。其他，諸如外聯的應

酬、票友私人聘請師傅、琴師啦：排戲、演戲、請客送禮、買紅票等一切開支，一概自掏腰包。至於，對蒞會的貴客和請來的師傅的招待費、票房活動後的聚餐費、彩串後的慶功宴等開支，會裏也是概不出賬的。舊日由票首承擔。這是早年載雁賓辦「翠峰庵」票房時立下的規矩，一直成為票房的定例。不過，到了三、四十年代，這一規矩有所改變，也開始公支公攤了。

票房內部立有管理章程，雖然各有不同，但總體要求是一致的。如：「在會愛會，不經主持首肯，不得私自串會」；「漫談人短、靡持己長」；「一人主演，眾人相幫」；「遵從派戲，不得泡湯」；「不請底包、會友自當」等等，其中有許多好的規矩，是值得傳流推廣的。

票友

下面再談談票友。票友二字，源自票房。之所以稱「友」，實有在「藝術面前人人平等」的意思，凡正式加入票房的人，都是平輩的朋友，不論年齡大小、入道先後、技藝高低，彼此都要互相關照、愛護，皆以兄弟相稱，以示與伶界論資排輩、結幫搭夥的習俗有所不同。

票友最初只是湊在一起拉拉唱唱，娛樂消遣，既不響鑼鼓，也不粉墨登場，更不對外演出。逐漸發展到場面齊全，能演整齣大戲，也是個漸變過程。在票友的行列中，人員極為廣泛，不僅有來自各行各業戲曲愛好者、職員、商人、教師、學生、醫生等，還有很多豪門貴族、皇親貴胄、官衙小吏、軍閥子弟、文人墨客和清朝的遺老遺少等不同階層的人。他們的愛好也極為全面，不僅生、旦、淨、丑各個行當應有盡有，而且文武場面、服裝、檢場中也湧現了不少人才。甚至，有的票友不能演唱，也不能拉彈，但來個旗、鑼、傘、報，或是專門跑跑龍套，也要過過戲癮，為此還自備靴包服飾。當然，辦好票房也有個管理和自律的問題。

票友的自律：票友在票房活動，要懂得票房的規矩，要遵守票房裏約定俗成的紀律。臺灣琴票、戲劇史料收藏家蔣聯雲老先生知道我正在編纂《京劇名票錄》，不顧望九高齡，為我寄來不少珍藏的老文字、老照片，其中有一份發了黃的《票友須知》，大概是上個世紀早期的出版物，就很有研究價值。文前開宗明義地寫道：

> 各國劇社集合同好於一堂，行賞心悅目之消遣，誠樂事也。但
> 人之相聚，由於性情見解之不同，立場有異，純靠感情聯繫與共同

愛好之結合，且票房並非行政組織，並無約束力量。日久天長，難免產生問題。為此特撰票友須知，對於待人處世會有所裨益。

內容共分二十八條。另附《保護喉嗓要訣》於後。《須知》中特別提到，「票友要遵守票房章程，不宜單獨行動」;「對文武場和教師應視同學校老師，應禮貌相待」;「資深票友應該提攜新進票友」,「票友不可只練習唱，也要練習場面」;「練戲時應不分主配角，一體全收」;「清唱時無論何人均以不超過十分或一刻鐘為主，並不可表演身段，以示萬能」;「票友票戲，第一應自備常用的東西，如水紗網子、髯口、靴子、裙子、彩褲、彩匣等」。

另外，《須知》中也談到票友的開支問題。舊日，對「票友」一詞另有一解，即票者，鈔票也。玩票就得花錢。不花錢就不是票友了。那麼，票友的錢怎麼花？都花在哪一項上呢？這裡的說詞很多，因為這方面沒有文字史料可考，本人雖是票友，但對舊日票房也沒有親歷經驗，就常借參與「加拿大列治文京劇社」活動的機會，向一些老票友們垂詢。匯總了一下，述之如下：

首先是會費，需按規定依時交納。這項開支是很有限的。遇有彩串演出，開支就大了一些。例如演出之前，票友要在票房議定的戲碼中，挑選自己要票演的戲。所需費用要根據這齣戲所處的場序位置和戲的大小不同，而價格不同。若依全場六個戲碼來說，開場、二場的折子戲價格最便宜。第三齣、第四齣比較貴，壓軸戲最貴，大軸雖貴，但多是群戲，費用分攤，也就不算太貴了。認妥後，向總提調支付等值的錢款來購票。總之，這場戲的全部收入能滿足租劇場、租衣箱、打發前後臺服務人員的小費等一應開支就可以了，票房和組織者決不從中盈利。票友擇定了劇目，支付多少錢，便付給多少票。這些票可以自己推銷發賣，賣不出去的，可以當紅票來招待親友，請他們前來捧場。以上所指的是一般性的群眾票房，而對於知名會首的大票房或機關單位辦的行業票房，在彩唱時的費用是均由票房支付的，戲碼和演員角色均由提調安排，並無挑戲碼、認紅票之說。

要走臺響排了，如果要請內行來為自己加工、摳戲，或是請琴師來專為自己練唱、調嗓，則要自己支付給老師的束脩和車馬費。如果不想穿「官中」行頭，自己到劇裝社量身訂製，要看工料如何，這項開支比較大。演出時的配角演員，一般應該請本社內的票友幫忙。如果不對工，或是自己要求得高一些，需請內行助演，或是請名伶把場，這些酬勞和謝儀的多少，是要根據

自己的身份和對方的身份、名望而定。要付，一定要出手大方，以示禮遇。萬不可將「小意思」弄成「不好意思」。

演出時還要準備一批小「紅包」，臨場前後要私下裏饋贈文、武場面和後臺化妝的、扮戲的、燒水的、揀場的服務人員。這都是他們應得的辛苦錢，不可省掉。《票友須知》第十六項中寫道：「票友總是花鈔票的，分文不花，名實不符，成了半內行，不算票友了。」同時，文中還指出：「票友雖然應該花錢，但是也不可過於浪費」。對此，筆者也問過一些上了年紀、經多見廣的老票友。據他們回憶，三、四十年代的這類小「紅包」是以「梅蘭芳的一張戲票錢」為基數，即每人三至五元錢。當然，這都是指一般票友而言。有錢的票友就不同了，他們正好藉此機會花錢擺闊，向服務人員送大紅包，動輒五十、一百也是有的。向屈尊陪演的角兒們送頭面、首飾的也大有人在。見著軼文的，有張伯駒演《失空斬》，向陪演王平的余叔岩饋贈三十兩大土的記錄；有名票程君謀演《坐宮》，向陪演的某名伶贈送一整套鑲珠雙光點翠頭面的記錄。舊社會，紈絝子弟為了票戲弄得傾家蕩產的事情也時有發生，「大爺」汪紹、「四少爺」榮稚峰都是很典型的代表。舊話「票戲的賣房、教戲的買房」都是有所指論的。

除此之外，票友還有一項較大的開支，那就是包票捧角。舊社會，人們講究「禮尚往來」、「有裏有面兒」。從北方到滬上的京角，或是從南方到北京、天津的滬角，在演出前三天必到，由當地邀角兒的、成事兒的引導，到各大票房「拜票」。從禮節上說，是對當地知音朋友的一種敬重，同時送上茶葉、點心、青醬肉、蒜臘腸等四件吃食，做為見面禮，表示歡迎大家看戲、指導。票房票首及主持人當出面接待，代表票房表示歡迎，並當面承諾一定捧場，包票若干。票，包得越多，越顯出票房的實力和面子。待訪客走後，票房將把這些包票全部分售給票友們，由大家分擔票款。田淞先生回憶說：解放前他參加了開灤礦務局票房，這兒本是個小碼頭，可這樣的事情幾乎每月都會攤上幾次，一年下來，也是不小的支銷。

當然，有錢的票友刻意要捧紅某一角兒，不惜傾家蕩產大包票的也有之。例如，溥侊為了捧某坤伶，每場都包上半池子座兒，竟然保持了一年多的記錄。為了向親朋友好送紅票，請他們務必蒞臨幫助捧場，竟然還要雇上幾個跑腿兒的幫忙。

票友的類別

關於票友的類別，與前面所述的票房分類相近，大致也分如下幾種。

一是「皇室貴冑」、「遺老遺少」。這類票友出身於「鐘鳴鼎食之家、詩書簪纓之族」，受過高等教育，加之長期的耳濡目染，對中國傳統戲劇有著不解情愫。嗜戲者，因自幼生於戲中、長於戲中，票戲是他們生活中的一部分，也是一種精神享受。因此誕生了不少名票，如肅親王、達王、溥緒、溥銳、世哲生等人。還有「宣統」、「洪憲」皇帝的那些好戲、懂戲的遺族，在事世滄桑的巨變中，他們更深切地體悟到戲劇的神髓。因之，亦出現了溥侗、載濤、袁寒雲、張伯駒等一些比名伶還高明的巨票。

還有一類票友屬於「文人墨客」、「清流雅士」，他們不戀功名、不羨利祿，天生飄逸，悟透人生。而醉心於戲劇歌壇，詞曲華章之中；委身於臺下幕後，運籌幃幄，通過他的提調幫助，竟然成就了一代京劇大師，「四大鬚生」、「四大名旦」及許許多多的氍毹才俊。齊如山、吳震修、李釋戡、羅癭公、陳墨香、金菊隱、張伯苓、張彭春等，這些著名的票友，個個都是手操神斧的「雕塑家」。還有許多的文人墨客票友，他們用盡自己的心智、精力，為京劇打本子、寫評論，捧名角，為京劇著書立說，為名伶述影造像。他們的鼓掌喝彩、雀躍歡呼，他們的喜怒哀樂，檀板擊節，彈精竭慮地為京劇構架起一座座巍峨的峻嶺奇峰，至今令人仰止。

還有一類「大款」票友，社會地位顯赫、財力雄厚的爺們兒，是把名角兒接到府中給予禮遇，好吃好住的款待著，一住許是十天半月乃至更長的時日，專司說戲，末了也短不了謝師的紅包白銀。這些款爺因其出身門第多是有些文化素養的，有的還真有些唱戲的天賦，但大多被稱為名票的，不少是有名無實。

對京劇是真愛好，且渾身上下都透著天賦的，偏又沒有太優越財勢的票友呢？則想方設法託人向名師舉薦自己或是千方百計地與名家攀結，成為他們的知音，以求得些實授。當然，拜師學藝自然是最好的學戲方案，但還要看名家願不願意收。收了當然好；不收，就只好自己去「捋葉子」。那就是在觀摩人家演出的時候，詳細記下人家的唱念、身段、位置、勁頭兒，將這些要領揣回去，再進一步認真推敲模仿。有時，票友也會拜名票為師，這也是學戲的一門途徑。

　　細說起來，京劇票友的體系結構十分龐雜，它覆蓋了社會的各各層面，三教九流皆有，這也是戲曲藝術很獨特的一種文化現象。內行，也有向票友學戲的，當然，這樣的票友必有過人的真才實學。因為專業演員顧於經濟上的收益，往往會忽視了那些比較偏僻的劇目和技法；從高明的票友那裡薹來自用，也無可無不可。如著名武生李萬春就曾得過侗五爺的點撥，受益匪淺。

　　還有一些有錢、有學識、有眼光、有魄力的人士，他們熱愛京劇，因為種種原因自己不能親登氍毹，但可以投以鉅資，傾囊相助。張騫、馮耿光、吳震修、袁伯夔、高渤海等一大批銀行家、實業家，他們用大把大把的金錢「捧角」，用一摞摞的鈔票資助藝術，把錢花在有前途的京劇表演藝術家的身上，使他們在生活優裕的環境中，心無二慮，潛心藝術、從而成就偉業。從某種角度看，早年間一切癡迷京劇的權貴富豪、少爺小姐，無論他們是不是票友，或是懷著何種心態，凡擲向名伶和紅氍毹上的錢財，也應該說是對京劇事業的一種支持。

　　二、三十年代，學生票友也是一種獨特的風景線。「好花發自萌芽，事興起自少年」，京劇的青、少年知音，是京劇事業不可忽視的最大後援。細檢學生名票一旦羽翼豐滿，下海者多成巨星。如「四大鬚生」的言菊朋、奚嘯伯；「四大坤旦」中的言慧珠、童芷苓；著名乾旦朱琴心、趙榮琛等。未下海者，也是一代人傑，例如高華、盧燕、朱家溍、劉曾復等，數不勝數。

　　新聞界、傳媒界、出版界、藝術界的票友們，為了京劇事業更是各展所長。他們辦報紙、印雜誌，編《戲考》，寫《劇史》，辦廣播、拍電影，出唱片，製廣告，拍照片、畫臉譜，八仙過海，各顯其能。他們的鼎力鼓吹，合力造勢，把京劇推向「國劇」至尊的地位。可以說這也是全體票界對京劇做出的巨大奉獻！

　　還有不少「名媛」、「名閨」類的女性票友，她們在封建勢力構築的重重障礙中，為了京劇而勇於衝破封鎖，她們昂首而歌，舉手而舞，不僅為京劇聲腔藝術增添了天籟之音，也為京劇舞臺上的女性之美，憑添了無限春色。陸小曼、丁至雲、近雲館主以及西洋女票雍竹君等，都是可圈可點的票界巾幗。

　　舊時，票界還有一批「戲迷」票友，他們終日沉醉於戲曲當中，行動坐臥都念念有詞，吃喝拉撒也有身段做派，幾乎走火入魔，人稱「戲癡」。據說

言菊朋在未下海之前，傾情的投入幾乎到了這種程度。也正因為他的這種癡迷，才成就了一代名優。當然，也有不少「戲迷」，為了票戲荒廢了學業、事業而成了不倫不類的廢人，這也是大有人在的。

還有一類「戲迷」票友，自己知道自己唱的不好，生、旦、淨、丑，樣樣不靈，但就是喜歡前後臺的熱鬧勁兒，心甘情願地充當底包，來個旗、鑼、傘、報，丫環彩女，家院老軍之屬，也高興得手舞足蹈，樂不可支。過罷戲癮，來二兩老酒一喝，其得意洋洋之態也樂似神仙。

與之相反，票友中的「精英」可都是京劇奇材，他們不僅臺上風光，還能代祖師爺傳藝，更是梨園佳話。「國劇聖伶」汪笑儂，著名老生張二奎、孫菊仙、言菊朋、奚嘯伯、郭仲衡，小生德珺如、金仲仁、王又荃，旦角黃桂秋、丁至雲，淨角金秀山、黃潤甫、郝壽臣，武丑德子傑，琴師王瑞芝、李鐵林，鼓師李武植等人，均係票友「下海」，躍上龍門，成為一代宗師。許多梨園翹楚的戲，還曾得自票界的指導。例如，劉鴻聲的《四郎探母》，是名票李吉甫的親授；余叔岩的《胭脂寶褶》中的念、做，言菊朋的身段、臺步、念白，則受之於紅豆館主溥侗的輔導。茹富蘭的武生戲《狀元印》和《麒麟閣》等，則是票友趙子儀所教；葉盛蘭的《探莊射燈》、《鎮潭州》，則受之於包丹庭；李萬春的《安天會》曾得載濤的指點；奚嘯伯的《南天門》得自李适可。名票韓慎先、程茂亭、柏心庭、松介眉、恩禹之、喬藎臣、周裕庭、邱伯安和翁偶虹、范鈞宏、劉曾復、朱家溍、包氏三蝶等人，之所以深受內行敬重，因為他們不但有嫻熟的演技，而且對京劇表演藝術有著獨到的見解，為京劇追本溯源、著書立說，留存青史，其功大焉！

不過，舊日專業演員與票友之間即有相輔相承的一面，也是有隔閡的一面。專業演員看不起沒能耐的票友，貶稱票友為「丸子」，上臺一身「羊毛」。當票友有了一定的造詣，有的要「下海」，轉為職業演員，由花錢轉為掙錢。這麼一來，可就有與內行掙飯碗的意思了。如果沒有真本事，也會讓內行在臺上「擠兌」死。舊時，臺下「拿黑杵」、臺上「陰人」事件時有發生。

最早，清政府是禁止旗人演戲的，票戲尚可。若旗人票友下海即要注銷旗籍，所以，即便是漢人票友下海，也被人看不起。大清遜位之後，雖然沒那麼多說詞了，但票友下海必須先拜內行為「帶道師」，要由內行人「舉香」引見，禮成之後，方能取得「梨園公會」的會籍，才算是正式演員。民國以後，時風有變，票友下海的就漸漸多了起來。

　　細論京劇出現以來，每一進步都離不開千百萬票友和「粉絲」們的呵護與支持，儘管這些戲劇愛好者們的社會地位不同、身份不同，修養不同、背影各異，上及權貴、下涉細民，但他們對京劇事業真是做到了「有錢的出錢，有力的出力」，與專業表演藝術家們共同努力，一起構建起京劇藝術的象牙之塔。

名票

　　「名票」，是指那些在千百萬的京劇票友中出類拔萃的佼佼者。他們曾經以或是一直以非職業演員身份出現，不僅唱得好、演得好，其技藝還獲得內外行的一致認可的，方勝此稱謂。要麼，他們不僅票戲，還曾對京劇的某一領域，如劇目編導、音樂創新、戲劇傳承、理論研究或戲劇評論諸方面，有著獨特建樹的名流。或若他是權貴、是社會聞人，知名度高，有地位、影響大，且又喜愛京劇的人。總之，真正的名票，都是以自身的實力和創造，在浩瀚的票界從不同角度對京劇有過特殊貢獻的人。

　　有些名票不一定在舞臺上真是唱得好；真是唱得好的，也不一定能成為名票。向來，這裡邊有一種多重的衡量標準。譬如，齊如山說：「我是個假票友，不如真票友，真票友能上臺唱一齣，我一上臺就蝦米了。」但是，他能給梅先生編戲、說戲，教梅先生身段、舞蹈。張伯駒是票友，但沒有嗓子，臺下五排以後就聽不見聲了，人稱「張電影」。但他對京劇頗有研究、對衛護傳統的戲劇文化貢獻也很突出。又如胡蝶，她是影壇「皇后」，只會幾段京劇，還唱不好，總是荒腔走板，但她也曾儕身梅牆，身列票友行列，每有大義務戲，只要她登場，必然萬人空巷，為票界也增添了不少光彩和驕傲。因之，他（她）們也都稱得上「名票」。

　　當然，也有很多的失敗者。據說四十年代，北京有一個票友外號「陳瘋子」，他的能耐大極了，文、武、昆、亂不檔，生、旦、淨、丑全行，而且樣樣都唱得極好，學誰像誰。只是人生得畏瑣無形，即沒出身、又沒依傍，終日魔魔叨叨，膩膩歪歪，串劇場，泡票房，成了一個人見人嫌的「戲膩子」，似這等人唱得再好，自然也成不了「名票」。

票友的貢獻

　　在京劇藝術發展的長河中，除了專業藝術家的努力之外，票友的巨大貢獻也是不可磨滅的，票友們的功績閃爍於京劇藝術的方方面面，例如其中

有依權勢提倡京劇的慈禧太后、光緒皇帝及皇族權貴……；

有為京劇獻出畢生心智的前輩票友張二奎、盧勝奎、孫菊仙、德珺如……；

有辦票房培養京劇表演藝術家的先驅載雁賓、李經佘、樊棣生……；

有傾情護持培植京劇藝術大師的「梅黨」「程黨」和各門各派的「粉絲」群；

有為京劇毀家輸財的票友汪紹、竹香、馮耿光……；

有為京劇嘔心瀝血、最終修成正果的言菊朋、奚嘯伯、王玉蓉……；

有開拓京劇名伶大合作的「戲提調」江紫宸、杜月笙、袁履登……；

有專為京劇「打本子」的羅癭公、溥緒、陳墨香、翁偶虹……；

有為京劇創新的大導演齊如山、歐陽予倩……；

有專為京劇制新腔、度新曲的票友林季鴻、孫春山……；

有率先發明京劇工尺譜的陳彥衡，有率先為京劇配寫簡譜的夏幫琦……；

有研究京劇音韻學的陳道安、陳小田、陳富年、張伯駒……；

有率先專門研究京劇發聲學的盧文勤……；

有率先研究京劇舞臺美術的票友張聿光、張光宇……；

有率先為京劇灌唱片的票友喬藎臣、鄭子褒……；

有創辦電臺專供票友唱戲的蘇少卿、范石人、姚鳴桐……；

有把京劇率先引入電影的票友任寶豐、張石川……；

有專為京劇著書立說的文人張肖傖、包緝庭、許姬傳……；

有致力京劇劇評羅亮生、馮叔鸞、鄒葦澄……；

有專為京劇辦刊物的票友李浮生、沈葦窗……；

有代「聖人傳道」的京劇名票溥侗、包丹庭、趙子儀……；

有致力於京劇教育的顧森柏、楊畹農、朱企新、王振祖……；

有率先把京劇推廣到國外的張彭春、裘劍飛……；

有敢於衝破蕃籬、帶頭登臺演戲的名閨陶夢厂、陸小曼……；

有洋人挑班的著名女票友庾竹君……；

有堅持在海外傳播京劇的名票章英明、盧燕、張仲珺、李和聲……；

正是這些京劇票友們的齊心努力，有權的使權、有智的獻智，能寫的寫、能畫的畫，能捧的捧，能幫的幫。他們對京劇藝術所投入的熱情、心血、金錢和筆墨，促進了藝術家們努力探求，共同構建了京劇的燦爛輝煌，票友們所做出的貢獻永遠不可磨滅。

筆者自幼喜好京劇，且隨大人不間斷地出入劇場、票房，票房和票友文化更深深地觸及筆者對京劇輝煌的認識和理解。而今，京劇舞臺演出不多，實顯蕭索，而群眾票房火爆，炙手可熱，從者之眾，令人觀止。然細檢有關京劇的著述，為名伶大角樹碑立傳的文字汗牛充棟，而為票房票友的行文述錄，則寥若寒星。遂萌生了編撰此書的想法。及至動筆，方覺得此事不易。其一，原本這方面的文字史料奇缺，很多著名票友名字雖存，而行止失考；其二，對舊日票房、票友瞭解的老人們多已撒手人寰；在世者，也已耄耋望九，舊日光景，多付煙雲。但也正因如此，抓緊梳理，更有緊迫之感。通過努力，或可從雪泥鴻爪之中、拾得萬一，纂之成冊，也是為京劇研究者們提供一些資料。

恰好溫哥華的冬日、畫短夜長，窗外淫雨霏霏，室內寂靜非常，當是編書的大好時光。思及此，說幹就幹。遂先把本人收藏的老《申報》、《良友》、《北洋畫報》、《國劇畫報》、《立言畫刊》、《大人》、《大成》、《中外傳記》、《京劇談往錄》等種種舊刊，和平日所做的筆記翻檢一遍。再到加拿大亞洲圖書館、溫哥華華人圖書館，查閱有關京劇史料的舊書舊藏；筆者還分別給臺灣的京劇史料收藏家蔣聯雲先生，旅美京劇表演藝術家吳鈺璋、沙淑英等老朋友通電話，交流意見，徵集資料。同時，向「加拿大列治文京劇社」資深名票章寶明、謝偉良、馮寶玉、袁行遠、張平安諸朋友就教。真是「得道多助」，果然得到許多無私援助，為本書提供了不少珍貴線索和資料。藉此，本人深表謝意。這樣，拾之點滴，堆沙成塔，收穫良多。出乎意外，還得到清逸居士著的《票友藝術》、王鼎定的《票友須知》，以及周志輔、景孤血、何時希、江上行、唐魯孫諸先生舊文多編。加之電腦普及，信息增多，如此不廢數月，編就這本「京劇名票錄」。

其中，輯錄清末民國期間名票二百餘人，以上世紀三十年代以前出生者為入錄階段（因為近代票友太多實難盡錄），其中包括，一，終生嗜戲而從未下海者；二，先為票友，下海後成名者；三，初為票友，下海失敗，又從海裏上岸的；四，還有一部分是在其他領域做出卓越貢獻，而對京劇又極有研究，且有著述者：五、還有一些海外著名的票友。

文中對入錄者的生卒年月、籍貫、身世、師承、軼事等盡力詳考，努力做到言之有據，詳者多談，不詳者簡述。還有許多名票，如老一代的恒樂亭、載闊亭、雲雨三、何佩華、金鶴年、孫華亭、孫多褆、魏耀亭、陳子芳、安寶

臣、鐵麟甫、樊杏初、來伴琴、寧子臣、呂正一等；近代的張吾義、孟廣亨、程茂庭、秦祜庵、于芝珊、丁存坤，呂寶棻、紀金陵、陸志堃、蘇撰之、石品芳、陸夢瑛、卜樂芝等；海外的張中原、蔡國衡、吳彬青、李炳莘、謝黃蘇萍、張俊江、柯亭、張緒詁、李大為、蘇沈明霞等，都是名聲赫赫的票友，但因手頭資料的缺乏，只能存目待考了。

書中的許多老照片、老劇照均得之不易，不少是從老畫刊中翻製而成，雖然質量欠佳，仍能見到斯人昔日神貌，故悉數編入，聊補文字之乾枯。細檢此書，終因本人生之恨晚、且身居海外，視野有限，所輯人物必然掛一漏萬，不足之處多矣。唯望本書面世後，能起到拋磚引玉的作用，藉以贏得高人增補，使昔日名票不因時光之流逝，而功湮名歿也。

在本書即將殺青之時，又得友人相助。這位丁廣馨女士曾經是加拿大著名的京劇票房「頤社」社長，既喜唱戲，又對京劇史料頗有興趣。在加拿大，丁女士從事圖書信息管理達三十餘年。出於對本書的興趣，自願為本書勘校。她以職業的嚴謹，不僅勘撿書中的誤植，而且對本書的資料採信也提出不少建議。例如，她指出書中有關陳大濩「正式拜余叔岩」的說法是有爭議的。雖然陳大濩本人在《余叔岩藝術評論》一書中曾有一段文字敘述了拜余的過程，但吳小如先生在《戲曲隨筆續集》對此提出異議，且在文中還提到范石人對此事的記述亦有誤差，以及劉曾復曾對陳說了哪些戲等等。她建議此處不如直抒其事，這樣做並不影響陳在余派老生中的地位，而且可以避免新的爭議等。

丁廣馨女士的治學嚴謹，對本書補益良多，藉此謹向她本人以及對本書所有給予支持和幫助的朋友們，致以由衷的謝意。

李德生 於庚子疫中重寫於溫哥華墨香齋

目

次

上　冊

代序：票房與票友

下　冊

皇親貴戚

慈禧

　　慈禧太后（1835～1908），滿族鑲藍旗人，葉赫那拉氏·惠徵之女。出生於北京西四牌樓劈柴胡同惠府之中。咸豐二年（1852）選秀入宮，賜號懿貴人。係咸豐帝的妃子，同治皇帝的生母，光緒皇帝的養母。又稱「西太后」、「那拉太后」、「老佛爺」，死後諡號為「孝欽慈禧端祐康頤昭豫莊誠壽恭欽獻崇熙配天興聖顯皇后」。

　　慈禧太后是一位執著的京劇愛好者，也是一位京劇藝術的知音。她對戲劇的喜愛幾乎到了癡迷的地步，正是由於她的支持和提倡，才使得原本難登大雅之堂的花部亂彈，得以發展成為壓倒所有其他戲曲形式的京

京劇《大香山》中的「觀音大士」的劇照

劇。而且，她不滿足於宮廷編纂的傳統劇目和宮裏太監們的演出，勇於突破舊制，將民間優秀的二簧、亂彈伶人召進宮來，大演宮外劇目。這些在清宮昇平署檔案和《恩賞冊》中都有詳細的記錄。彼時出名的藝人，如譚鑫培、陳德霖、楊小樓、孫菊仙、王瑤卿等人，都受到過她的賞識，不僅每有賞賜，甚

至還賜以「供奉」官爵，這種對原本社會地位低下的民間「戲子」的優待，不僅令宮中太監伶人們看得眼紅，而且，使得朝中的皇親國戚和文武百官們，對藝術精道的伶人也無比豔羨，甚至巴結和親近。在她的影響下，朝野形成了一股欣賞、推廣和普及京劇之風。在此風的吹拂之下，京劇藝術得到了完善和發展，並為其最終成為「國劇」奠定了堅實的基礎。

確切地說，京劇藝術的形成應該是從同、光時期開始的，它與慈禧和光緒的倡導有著密切的關係。咸豐帝愛聽皮簧戲，這一嗜好也深深地影響了慈禧的一生。據《清宮檔案》記載，就在咸豐病故的前半個月裏，避暑山莊依然鑼鼓喧天，連演了十一天大戲。慈禧在病榻前陪著咸豐一起觀看了《琴挑》、《借餉》、《查關》、《白水灘》等一系列京、崑戲劇，直到咸豐駕崩方止。

慈安太后去世以後，慈禧大權獨攬，內廷演劇活動更加頻繁。她挑選了一大批皮簧演員入宮承差。不僅在宮中演唱皮簧，而且還擔任教習，指導宮內的太監伶人演唱。從現存的《昇平署檔案》記載，編排連臺本戲《昭代簫韶》時，慈禧太后事必親恭，投入了極大的熱情。為了修改此劇曾將「太醫院、如意館中稍知文理之人，全數宣至便殿。由太后取崑曲原本逐出講解指示，諸人分記詞句。退後大家就所記憶，拼湊成文，加以渲染，再呈定稿，交由『本家』排演，這就是傳至今日的一百零五齣的腳本。故此一百零五齣本，亦可稱為慈禧太后御製」。

齊如山在《談四角·陳德霖》一文中也轉述了陳德霖參加改戲的經過，他說「《昭代簫韶》原為崑腔，此次改為皮黃，卻是一件很大的工作。……西太后自己編的唱詞也很多，德霖除安置場子並編詞句外；還要把西太后所編之詞，都安上唱腔。德霖常對我說：老佛爺所編的詞，不但不能改，而且還得大恭維。可是有許多詞句，真是難以安腔，無論如何，也得想法子遷就。所安的腔，唱出來好聽，她便得意，自以為編的詞句好，容易唱，倘安的腔唱出來不好聽，她不好說她詞句不容易唱，她說腔安得不好。所以為她編的詞安腔，得出幾身汗。」他還回憶說，慈禧把端陽節上演的應節戲二本《闡道除邪》中「拘魂辯明」中韓氏的一段崑腔改成了反二簧，寫出來的唱詞，不許旁人改動。先後有太監王福兒、陳德霖、孫怡雲等為這段詞加了腔。慈禧聽了甚是滿意，特別賞給他三十兩銀子、銅臉盆、花圍巾和香錠子。

有幾齣宮裏排演的新戲，如《天香慶節》等，慈禧太后還恩准王瑤卿帶出宮外演唱。她對皮簧戲的喜好程度，遠遠超過了對國計民生的關心。為慈

禧畫像的西洋畫師卡爾女士，在她的《回憶錄》裏也寫道：「菊部開演之時，太后坐在戲樓中仔細推敲，終日無倦色。太后經常興致勃勃地給我們講戲劇故事，在看戲的時候也不肯安靜，不斷地將各種演戲的軼事和規矩說給身邊的人聽。」在慈禧太后對戲曲如此抬愛的影響下，王公大臣們對京劇的癡迷程度，也就達到了匪夷所思的地步。

清宮內廷演戲，無論是「內學」還是「外學」，對演出質量的要求都極其嚴格。王瑤卿曾多次見到太后和光緒對那些在臺上「懈怠」、「發呆」、「賣野眼」的演員降旨申斥，並且給予嚴厲責罰。有一次，她見到一個演旦角的在臺上「大岔襠」地站著，慈禧太后悖然大怒，喝令左右把他「拉下來就打」。後來，這句「拉下來就打」成了內行的一句調侃的術語。正是這種權威性的嚴格要求，促使了京劇藝人做戲時不敢有絲毫馬虎。

王瑤卿還說：「早年間民間藝人的演出，從劇本編排到登臺演出隨意性很強，不少戲只有提綱，並無準詞兒，但憑演員場上發揮。但是，這些民間劇目一旦被徵調進宮，馬上就變嚴整起來，首先要通過管理精忠廟事務的衙門呈送劇本，報上演出時間的長短，以及劇中的角色穿戴扮相。先由衙門和昇平署驗看無誤以後，才能辦理手續進宮。但有「有悖常理」、做、表「不規矩」的地方，都得認真改正。每一齣戲經過這麼一「規整」，盡可能地達到較為完美的程度，無疑對京劇藝術水平的整體提高，起到很大的促進作用。

王瑤卿就其自身在宮中演過的戲，如《汾河灣》、《桑園會》、《長板坡》、《探母回令》等，劇中的一腔一字、一招一式，都有「準地兒」，成了標準的「樣板子」。待其再度移至民間演出時，就不能「離譜」「走板兒」了。他說：老「供奉」孫菊仙素有盛名，但他有時在臺上偷懶。老太后特為他下了一道旨意：「凡承戲之日，著該班安本。孫菊仙承戲詞調不允稍減。莫違。」正是這樣一番「細摳」，不少骨子老戲傳至而今也沒有多大改變。

在戲劇服裝方面的「男遵明制，女隨本朝（清朝）」，也是這麼傳下來的。京劇的歷史故事戲目極多，上自三皇五帝，下至唐宋元明，帝王將相的穿戴都因襲明代宮廷所遺戲裝的基本式樣，進行改造製作的。但是，旦角在臺上的服裝，譬如裙子、襖、坎肩、飯單、雲肩、斗蓬、彩婆子襖等等，則多是從清代婦女常服款式改造而成的。一些女性角色在戲中穿旗裝，梳旗頭，如《四郎探母》的鐵鏡公主、《大登殿》中的代戰公主，《查頭關》中的尤春風等人的扮相，也都是經過慈禧太后的默認和昇平署首肯的。

　　在這些京劇名角面前，慈禧太后的確稱得上是一位和藹可親的「老佛爺」，傳說中的慈禧太后如何如何的寡恩刻薄，多是沒有影兒的事。彼時京劇界對慈禧太后也極盡奉承之事，頻頻投桃報李，幾乎所有劇目中，如《雁門關》、《四郎探母》裏的太后都是正面形象。尤其《法門寺》中的太后，更是高懸的明鏡，白璧無暇。

　　說慈禧太后是一位「超級票友」，在《清宮檔案》中，並沒有關於慈禧清唱和彩唱「票戲」的明確記錄。但在《清宮舊影》中，確實有幾張慈禧太后化裝「扮戲」的劇照。這些照片出於駐德公使之子德勳之手。慈禧太后和侍從們坐在湖中平底船上，她本人扮演了《大香山》劇中的觀音大士，太監李蓮英扮成護法神韋陀，公主們扮成了龍女，儼然一片極樂世界。這是中國有史以來的第一張戲劇藝術攝影照片。可想而知，母儀天下的太后戲癮之大。可以推想，其暇時也會檀板清歌，只是寫《太后起居注》的太監怕違制，不敢輕易落筆罷了。

光緒

　　光緒，名愛新覺羅・載湉（1871～1908），是道光皇帝的第七子醇親王奕譞的兒子，慈禧太后的外甥。同治皇帝病死後，慈禧為了獨攬大權，將他過繼過來繼承皇位，時年四歲。公元 1874 年 12 月乙亥日立為皇帝，第二年改年號為「光緒」，他是大清入主中原後的第九位皇帝。

　　光緒皇帝自小陪著慈禧太后在宮中聽戲、看戲，自然對皮簧也有著濃厚的興趣，尤其喜愛戲曲音樂和「文武場面」，且嗜好司鼓，可以說是一位「六場通透」的「打鼓佬」，也可以稱其為「鼓票」。

愛新覺羅・載湉

　　不少稗史記有宮內演戲時，光緒常興致極高地臨場司鼓。不過《清宮檔案》可能「為君諱」，而無確切的記載。但在《昇平署》檔案上則多次留下了「萬歲爺」要去打大鑼、小鈸的記錄。

　　鼓板本是一種具有指揮性質的演奏形式，所帶領的不只是鑼鼓的敲擊和弦管樂器的演奏，還包括了演員表演節奏的控制。與喜歡唱幾句戲不同，這是一項很專業、細緻的愛好。《昇平署》檔案有光緒二十一年十二月二十三日「上傳，是有裏邊外班承應戲俱用大堂的單皮鼓，不准用小堂的單皮鼓」；二十九日又有「上傳以後承應宴戲弋腔加蘇鑼」的諭旨。這兩條「上傳」皆是光緒帝的旨意。可能是光緒嫌外班進宮演戲時，單皮鼓音調偏低而提出的意見。

　　二十二年九月二十日，「內殿司房袁興成傳旨與內學，要承過差京傢伙一分，趕緊送至養心殿，千萬莫誤」。承過差的「京傢伙」指經過使用的北京製造的鑼鼓，新鑼鼓往往音色比較尖銳，用過一段時候聲音才會和諧。只有精於鑼鼓演奏的行家裏手才能懂得其中的區別。

　　曾在昇平署「效力」的鼓師鮑桂山說：「光緒不只聽戲相當內行，喜歡樂器，愛打鼓，尺寸、點子也都非常講究，夠得上在場上做活的份。在海裏傳差的時候，常把我們這些文武場叫上去吹打，專愛打入鑼鼓的牌牌曲曲，常打《金山寺》、《鐵龍山》、《草上坡》、《回營打圍》。至今，還有很多人知道御製《朱奴兒》就是光緒的打法」（見朱家溍《清代亂彈戲在宮中發展的有關史料》一文）。

　　光緒 16 歲時，慈禧歸政，自己開始主政。不想，日本進佔漢城，擊沉了中國運兵船，兩國正式宣戰。甲午海戰，清廷戰敗，簽訂了喪權辱國的《馬關條約》。光緒不甘作亡國之君，一心有所作為。接受了康有為、梁啟超提出的變法，進行維新改革，推行了一系列新政。但是，新政危及了守舊勢力的利益，遭到以慈禧太后為主權貴們的阻撓。加之袁世凱變節告密，慈禧大怒，迫使光緒退位，軟禁瀛臺，斷絕了和外邊的一切接觸，轟轟烈烈的百日維新便徹底失敗。

　　被囚禁在中南海瀛臺的光緒帝，有時傳進民籍樂手演練吹打，但慈禧對他這一點愛好也都加以限制。宮廷檔案記有「萬歲爺」要鑼鼓得通過太后的諭旨。二十四年十二月十一日，總管面奉諭旨：「以後皇上如若要響器傢伙，等先請旨，後傳。」二十九年九月十九日，「首領孫義福傳旨，以後上如若要響器傢伙，等先請旨，後傳。萬歲爺那不准言語差事」。這些旨意顯示他們母子的關係惡化早已公開，慈禧在太監首領等面前毫不掩飾對光緒的仇視。

　　接著，北方爆發了義和團之亂，引起八國聯軍入侵。招至光緒倉皇辭廟，與太后一起逃亡西安。從此，光緒心境悲愴，一蹶不振，在屈辱和哀怨的悲痛中病入膏肓，不治身亡，終年僅僅 38 歲。

宣統

宣統，愛新覺羅・溥儀（1906～
1967），是清軍入關以來第十位皇帝，
也是中國最後一位皇帝，年號「宣
統」。光緒三十二年正月生於北京什
剎海醇親王府內，為醇親王載灃的長
子，母親為醇親王妃瓜爾佳・幼蘭。
溥儀三歲登基，在位僅僅三年。在袁
世凱的威逼下，於 1912 年 2 月 12 日
下詔退位。臨時大總統孫中山頒布了
對清皇室優待條件，提出「大清皇帝
尊號不變」和「暫居宮禁，日後移居
頤和園」等項內容。因此，「小朝廷」
在紫禁城內一切機構仍然維持原狀
不變。

愛新覺羅・溥儀

負責演戲的昇平署也依舊保存前清編制，每逢年節，太監和外學、教習、
供奉等人依舊排戲、演戲，依然獲得種種恩賞和榮譽。昇平署檔案也未停止
記錄演戲的事情。使用宣統的年號一直記到「十六年」（1924）十一月溥儀出
宮為止。

隆裕皇太后愛聽戲，小皇帝從學步起也浸潤在絲竹鼓樂之中。舞臺上的
人物和故事在他幼小的心靈中，也成了揮之不去的記憶。小朝廷期間，紫禁
城內上演的好戲不斷，如「宣統七年」六月初一日，敬懿皇貴太妃作壽，漱芳
齋依例演出承應戲。從跳靈官、祭臺開始，劇目有《福祿壽》、《穆柯寨》、《蟠
桃會》、《釣金龜》、《搖錢樹》、《舉鼎》、《水簾洞》、《教子》、《戰長沙》、《鐵弓
緣》、《汾河灣》、《青石山》、《萬壽無疆》等。參加演出的總管、首領、太監和
外學人等一共 93 名，賞銀共用去 1060 兩。

1922 年溥儀結婚，民國大總統黎元洪及軍閥張作霖、徐世昌、吳佩孚、
張勳、曹錕等都送了厚禮，紫禁城連演三天大戲。昇平署檔案上就記下了「十
月初三日，阮總管傳旨，新傳富連成科班。外串：貫大元、蓋叫天、小翠花、
郝壽臣、九陣風、尚小雲、喻振亭（即俞振庭）、周瑞安、五齡童、譚小培。
添傳余叔岩」。劇目有俞振亭的《飛叉陣》、林顰卿的《嫦娥奔月》、小翠花的

《戲鳳》、王又宸的《南陽關》、余叔岩的《空城計》、《珠簾寨》、俞振亭的《長阪坡》、《青石山》、九陣風的《泗州城》、侯俊山的《八大錘》、尚小雲的《春香鬧學》、貫大元、譚小培的《搜孤救孤》、楊小樓的《狀元印》、《豔陽樓》、《水簾洞》等。可謂群英薈萃、好戲連臺。三場戲後，「敬懿、榮惠主位賞給外學等八十名洋一千元；昇平署總管、首領、太監、寫字、管箱人等一百一十五名，洋四百元；富連城（成）班洋六百元」。

在後來的演出中，有據可考的賞賜最高記錄，是梅蘭芳和楊小樓合演的新戲《霸王別姬》，溥儀恩賞 1600 元；賞富連成班 550 元，加上其他演員的賞賜，看一天戲的賞銀共達 7975 塊大洋。又賞楊小樓、梅蘭芳、余叔岩每人衣料四件，文玩四件。溥儀對京劇的喜愛，已到了揮金如土的程度。

溥儀喜歡聽京劇唱片，常叫人從宮外買來，百聽不厭。他不管別人是否把他尊為天子。也像平民的青年一樣，喜歡新鮮玩意。他在《我的前半生》中，回憶自己曾穿上太監弄來的民國將領的大禮服，帽子上還有像白雞毛撣子似的翎子，再掛上皮帶軍刀，頗為得意。這一玩法遭到太后的叱責。但是，他與太監們一起票戲，太后是從不干涉的。

在小朝廷的檔案中，載有溥儀多次從昇平署調借京劇服裝、道具的事情：如「正月二十六日，馬瑞興傳，萬歲爺上要：靠六身、白箭袖二件、縧子六條、鸞帶六條……」。又如「上要黃袈裟十件、藍袈裟五件、紅袈裟十五件、佛衣三件」及「黃黑老虎帽八頂、仙姑巾五頂」等等。此外，還有借官衣、彩褲、瓜棍、青龍刀等多種戲裝和演出的切末。這些，足以證明溥儀和小太監們搞的宮內票房還真熱鬧，不僅彩唱文戲，還能演出有高難技巧的武打戲。在以後幾年的檔案中，還載有「方歲爺要高撬（蹺）腿子六副」的記錄。

旦角足下踩蹺上臺，是乾隆年間秦腔藝人魏長生的發明，踩上這樣的「三寸金蓮」，可以更充分表現出旦角的婀娜多姿。但對於演員來說，莫不視為畏途。沒有高超的功底，是絕對難以勝任的。至於，這些被借去的蹺腿子，是溥儀票戲時自己用，還是小太監們用，檔案記之不詳，筆者也就不妄加推論了。但是，溥儀稱得上一個票友，這一點是無可非議的。

60 年代初，在全國政治協商會議上，溥儀碰到了梅蘭芳，他還激動地說：「我很喜歡看楊小樓、余叔岩和您的戲，可惜我當時不能自由行動。每天看

報上的廣告，有時聽聽話匣子唱片。一直到我在天津住在張園的時候，我才和我愛人到劇院買票聽戲，我覺得自由聽戲是很舒服的」（見許姬傳《梅家三代與紫禁城的演戲活動》一文）。

綿佩卿

綿佩卿（184？～191？），名宜，字佩卿，同光年間人，大清宗室貴族，官居禮部侍尉，坊間人稱綿侍郎。其宅第在東四牌樓四條東頭路北綿公府。

綿公秉性倜儻，不拘小節，公餘之暇，輒好戲曲，與當時名票名伶往來不斷。公餘嘗以歌詞管絃消遣，是一位很有名氣的「王爺票友」。他最愛聽、愛唱老生戲，對於譚鑫培的藝術格外賞識，每逢譚鑫培演戲，無日不去觀看。如果遇到戒齋忌辰之日，他便召請鑫培到自己宅中閒談小聚，藉以對藝事屈尊就教。每到午間，二人不在府中用膳，必著便服攜鑫培到東四牌樓北大街路西同和樓便酌。飯後，二人對臥榻間，暢敘不倦。如此往來長達十數年之久，幾無隔旬不見之日。綿公如此優待鑫培，鑫培對綿公亦更加恭謹事之。諸事有問必答，關於藝事更是傾囊以授，毫不恃寵益驕。故綿公的唱、做，實有幾分老譚的神髓。

鄭菊瘦所著《潛庵劇話》中講，某年冬季，綿公贈鑫培白狐皮襖一件，袍面繫以寶藍寧綢、團龍花樣做成，十分考究，鑫培接受致謝。回家以後，將寶藍寧綢面換成深灰色市布面穿用。過了二、三日，他穿著這領皮襖前往綿宅。侍郎見到，不解其故。鑫培答道：「一介草民，誠不敢服此珍貴之物。況且，服飾繡有雲龍花樣，乃是顯官制服，曷敢擅自穿用。既與階級向例不合，唯恐潛越禮制、折消福壽。今蒙公厚賜，不敢卻而不受，故將此袍面改為布料服用：方覺心安身舒。」綿公聞後，益增悅羨，褒語獎勵。此外，如煙壺玩物堆星之件，鑫培得獲綿公所賜甚多，不勝記述了。

文中還談到，清光緒十九年，癸巳中秋節後某日，綿公豪興大發，乃差僕持柬約請至親好友六、七人在宅中飲宴。飯罷之後，便計劃在宅內大客廳票戲。此客廳十分寬綽，粗具戲場規模。平時備有一些演戲常用的切末、軟片、行頭等物，雖不能完全，也綽綽夠用。於是，自晚七點鐘起，至十二點鐘以後止，擬定戲碼五齣。不久，名伶田桐秋（桂鳳）、黃潤甫（黃三）、賈洪林（狗子）、王楞仙（桂官）、羅壽山（百歲）、周長山、周長順昆仲，陸續而來。因開場將至，諸伶乃略進酒飯，事畢則正式開場。

第一齣戲，為綿宅僕從下人合演《富貴長春》；第二齣為綿宅至友慶雲價君（名祿，官某旗副都統）之大女公子鳳侶、二女公子鶴侶，及繼克庵君（名仁）合演《孝感天》。鳳侶飾共叔段，鶴侶飾衛雲環，繼君飾武姜，唱工頗有可取之處。第三齣為玉和甫君（名珍）偕周長順演《雪杯圓》。第四齣是譚鑫培、田桂鳳、羅壽山合演的《烏龍院》。為取吉利興會的關係，只演《坐樓》，不帶《殺惜》。此劇以譚、田、羅三人合作，實為拿手傑作。何況欲博綿公歡心，釀然各顯其能，格外討好。第五齣人軸係《黃鶴樓》，由綿公自飾劉皇叔，譚鑫培飾趙子龍，王楞仙飾周公瑾，黃潤甫飾張翼德，賈洪林飾諸葛孔明，周長山飾魯子敬，如此配搭，可稱整齊精嚴。一時傳為美談。清恩錫撰《承恩堂詩集》有《綿佩卿侍郎自京來藩賦此贈之風事恨齊韻》一詩記述此事。

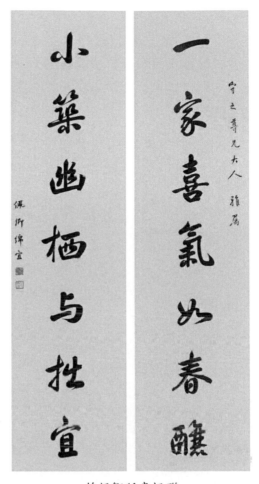

綿佩卿所書楹聯

迨逾數年，綿公病歿，梨園行往弔者甚多。譚鑫培著孝服慟哭，哀悼欲絕，痛苦之情，發自肺腑，頗為人所稱道。

載雁賓

載雁賓（184？～不詳），名宜，字雁賓，人稱載公。清季貴族出身，其父官居二品，中年早喪，雁賓是遺腹子，母親和家族的長輩對他十分溺愛。家有財富，又端著朝廷給的鐵杆高粱，吃喝無憂，百事任其所為，全無管束。他自幼酷愛皮黃，一聽鑼鼓聲音便坐立不安，拔腿就往外跑。書也不讀，禮也不學，年及弱冠，幾近失學。自謂「學書不成，學劍；學劍不成，遂學戲」。

　　載雁賓長成之後，精於琴棋書畫，寫得一筆好字，倒也成了個風雅之士。他喜歡結交朋友，好施樂善，豪爽慷慨，有「小孟嘗」之稱。其府第在西直門內的盤兒胡同，左近有一翠峰庵，原是他家的家廟，請了一個老尼姑專司香火。因為廟內僻靜寬敞，有許多空房子。載公就糾集了一幫戲迷票友在此唱戲。於同治十年（1871）在此成立了「賞心樂事」票房。取義於《牡丹亭》中的名句：「良辰美景奈何天，賞心樂事誰家院」的雅意。因為地址設在翠峰庵，後人便俗稱「翠峰庵票房」了。

翠峰庵票房原貌　刊於《國劇畫報》

　　因為載公的地位、身價最高，且為人風雅，出手大方，唱戲的條件又好，四城的票友和戲劇熱好者們都喜歡到他這裡喝茶吃酒，聽戲唱戲，討論劇情戲理。翠峰庵裏終日弦索聲聲，鑼鼓鏗鏘，熱鬧非凡。且人數眾多，都有一定的文化水平，不少是能書善畫的文人墨客，對劇情、人物、戲詞、音韻、唱腔的推敲和研究，往往要超過一般的藝人，幾乎就是一個京劇藝術的研究團體，越辦越興旺。

　　到了光緒年間，翠峰庵票房發展到極盛時期，票友眾多，人才濟濟，具優秀資格的就有八十多人。後來，修成下海的黃潤甫、金秀山、許蔭棠、汪笑

儂、劉鴻聲、龔雲甫、恒樂亭、載闊亭、雲雨三等，都曾是此處的票友。該票房每月逢三、六、九日登臺串戲，載公經常粉墨登場。關於他演戲的水平如何並無文字記載。但他創建的翠峰庵票房，並培養鍛鍊出一大批京劇精英的功績，使其在京劇史上寫下了濃重的一筆。

德珺如

德珺如（1852～1925），名玠，行二，人稱德二爺，是一位滿族公爺。他是大清禮烈親王的後裔，宣宗時文華殿大學士穆彰阿的孫子，其父存樸臣，為山西某府知府。能武場，卸任後在翠峰庵票房消遣。

德珺如出身在這樣的貴族家庭，從小耳濡目染，酷嗜京劇。家中聘有專職教習，指導他練功學戲，作為課餘娛樂。不想，德珺如浸溺其中，不能自拔。先工青衣，後改小生。長成後也加入翠峰庵票房，成為中堅力量。光緒二十年後，票友公推他主持翠峰庵票房。由於他無心仕途，專心票戲，觸怒了族人，以不肖子孫的罪名，將他革除家庭，注銷宗譜。從而，他便正式下海從藝了。

《穆柯寨》德珺如飾楊宗保，余玉琴飾穆桂英

他與紀壽臣等人一同到上海演出，很受滬人歡迎。回京以後，正遇上同治遺孀孝貞太后大喪，禁止一切娛樂。百日之後才能在泰華園說白清唱。娛樂恢復後，他同金秀山、李輔臣、袁子明等一起搭入四喜班。當時，票友下海入班演戲，是頗受內行排擠的。因為四喜班的孫菊仙是票友出身，才能容納他。他與孫菊仙、金秀山合演的《二進宮》，珠聯璧合，有「三羊開泰」之稱。因為他們三人皆是票友出身，京人一向呼票友為「羊毛」，故暗含諷刺之意。

庚子年後，德珺如一直伴隨譚鑫培出演，因為他長得面長，人們笑他為「驢頭旦」。後來，德珺如改唱小生，以終其身。他的嗓音寬亮高亢，渾厚剛

勁,吸取了徐小香、龍德雲的唱法,聲如龍吟虎嘯,氣勢磅礡。他的天賦好,大小嗓運用自如,結合自然,和諧悅耳。在演少年英雄時,唱腔常常運用「炸音」、「虎音」。他以演《羅成叫關》、《飛虎山》、《監酒令》、《孝感天》、《轅門射戟》、《白門樓》等戲最擅長。他演《轅門射戟》的呂布,引弓信手發箭,可以百發百中,堪稱一絕。張伯駒稱其:「《羅成叫關》一劇,無人能與之抗也。」並有詩讚其:

> 龍種八旗子弟間,願為優孟不為官。
>
> 一聲直上行雲過,激憤悲涼唱叫關。

德珺如戲路廣博,桃李滿門,而且各行角色都有,小生金仲仁,淨角金少山、老生孟小茹、票友何雅秋等都出自他的門下。

那桐

那桐(1856~1925),字琴軒,葉赫那拉氏,隸屬內務府滿洲鑲黃旗人,係晚清「旗下三才子」之一。光緒十一(1885年)舉人,歷任內閣大學士、戶部尚書、外務部尚書、稅務大臣、總理各國事務衙門大臣等要職。

那桐

那桐平生酷愛皮簧,大凡宮內演出、各王爺貝勒府的喜慶堂會,無不出席。得知有名伶演戲,就是擱置政務也必親臨觀看。早年,因懼於「旗下子弟不得票戲」的聖訓,不敢明目張膽地拜師學戲,便重金私聘伶人,藏於書房,便於請益。他專習老生,能戲有《桑園會》、《武家坡》等。尤其崇拜譚鑫培,對其奉若神明。張伯駒有詩記之:

> 宮廷供奉不尋常,幾得人間看一場?
>
> 演出欲求譚貝勒,請安需要那中堂。

　　據那桐之孫張壽崇撰文回憶，那桐於光緒十二年（1886）搬入東城金魚胡同，後經擴延改造，遂成「佔地二十五畝二分九釐二毫，有房廊三百多間的那家花園」。園內有一座新式建築的戲樓，名為樂真堂，是那桐親自設計督建的。前後帶廊三卷大北房，房廊為花瓷磚墁地，大玻璃隔扇。屋內東邊有方型帶柱戲臺，上有倒掛楣子，下有欄杆。屋內中間搭半人高木欄板，隔開男賓、女席。兩側，擺放成排帶靠背的椅子，供賓客觀看演出。據說1917年，皖系軍閥段祺瑞曾在此處辦堂會，歡迎桂系軍閥陸榮廷。重病纏身的譚鑫培就在此處演出《洪羊洞》，回家後七日病歿。

　　那桐在公務閑暇之時閉門謝客，請上一般伶人、場面，自己就粉墨作場，票起戲來。際時，招呼內眷、親友、下人們一起觀看，演藝好壞，並無文字記述。演出以後，置酒設宴，慶功自娛，還對看客依次頒賞。時人有俗語說：「王爺唱戲，看完管飯」，概出於此。

　　八國聯軍入侵北京時，慈禧太后攜光緒皇帝出逃，那桐奉旨與慶親王奕劻．北洋大臣兼直隸總督李鴻章留京，與八國聯軍議和。《辛丑條約》簽訂以後，因護國有功，官爵日隆。他在朝中身為「那相」，一言九鼎，威嚴無比，臣僚無不唯諾仰視。但是，他對名伶一直視為上賓，禮遇甚恭。有時，甚至忘了自己的身份和地位，不惜對他們低聲卜氣，諂媚討好，傳為笑柄。

　　據說有一次，慶親王奕劻在家中為福晉祝壽，操辦堂會，特請譚鑫培獻藝。譚鑫培來時，慶親王特地出門迎接。落座後，慶親王與譚商量：「譚老闆，今天能不能請您給我唱個雙齣？」譚鑫培仗著慈禧太后的抬愛，開玩笑地說：「王爺有令，焉能不行。但得煩哪位大臣給我磕個頭啊？」慶親王一時語遏。孰料，陪坐一旁的軍機大臣那桐竟應聲離座，雙膝跪地，對譚鑫培虔誠地說道：「請譚老闆務必賞臉，務必賞臉。」譚鑫培非常驚訝，一時張皇失措，不知所以。連聲說道：「奴才效力、奴才效力。」果然，老譚就唱了「雙齣」。有文字記載，在譚鑫培演出時，臺下的那桐還情不自禁地站起來，朝臺上一個勁兒地作揖，以示自己的對老譚的仰慕之情。

　　那桐辦過外交，是知道「王子多得很，貝多芬只有一個」的名言，他的這種降貴紆尊的表現，可能是出於對京劇藝術的崇拜。

李經佘

　　李經佘（1858～1935），字伯雄，號新吾，別號譎洲。出身於清廷官宦世家，自幼習讀經史，學富五車。光緒壬午年（1882）江南鄉試舉人。1890年，進京參加朝廷特開的「庚寅恩科」考試，得中進士，殿試二甲，朝考一等。遂授翰林院庶吉士，歷任翰林院撰文、侍講，兵部武選司員外郎。二品頂戴，賜紫禁城騎馬，誥授光祿大夫。

　　經佘因長期在京任職，為官清廉，清廷遜位以後，生活較為拮据。據說民國二十年前後，殷汝耕曾多次勸他出山，到滿洲國去當官。經佘深明大義，嚴正拒絕，保持晚節。

　　經佘平日以書畫自娛，識音律，懂戲曲，有時也唱上兩齣京劇，稱得上是一位資深的名票。眾望所歸，他曾出任當時北京最大的票友組織「春陽友社」的董事長。

　　他辦事公道，人脈廣博，促使北南各派戲曲名流相互交流，做了很多有利戲劇發展的事情。三十年代余叔岩與梅蘭芳組班合作，就是李經佘在「春陽友社」撮和的結果。

善耆

　　善耆（1866～1922），姓愛新覺羅，名善耆，字艾堂，號偶遂亭主人。滿洲鑲白旗人，生於北京，為第十代肅親王。歷任乾清門統領、民政部尚書、民政大臣、理藩大臣等職。

　　這位肅親王一生的故事很多，如贊成立憲運動，免除刺殺監國攝政王的革命黨人汪精衛的死刑。民國之後曾圖謀復辟，兩次發起滿蒙獨立運動等。他的女兒金璧輝，日本名川島芳子，因犯漢奸間諜罪，於戰後被槍決於北京，這都是發生在肅親王府中的事。

　　善耆是一個戲迷，也是位嗜戲的票友，他的府中建有戲臺，他還在自己的

愛新覺羅·善耆

府邸成立了王府票房，請來名家過府授藝。他自己工老生，對譚派戲最為癡迷。到票房活動的多是皇親國戚，如載洵、載濤、溥侗、倫敘齋貝子等貴胄。他尤其喜歡僚屬們陪他演戲。庚子事變後，該票房遷至東城船板胡同，民國後方告解散。

有關善耆迷戲的故事也很多，據說，他出任鑲紅旗漢軍都統時，屬下韓秀峰任副參領。韓一家都嗜好京劇，其兄是有名的武生。善耆久聞其名，遂約韓氏兄弟到府中研究戲劇，並提升韓秀峰為正參領。韓秀峰被提升後的謝禮，是他兄長親自畫的京劇臉譜一冊和泥捏臉譜一匣，善耆極為欣賞，視為奇珍。

善耆還提倡婦女看戲，曾明令在西珠市口內開設「文明茶院」，取消了婦女不能進戲院觀戲的禁律，為此轟動一時。還有人知道他愛戲，便利用他的嗜好謀求利祿，或以求庇護。當時有位宗室崇某不畏法度，公然開設賭局。政府飭捕崇某甚急。崇某就鑽營肅王府，以走票之機謁見肅王，跪地不起。肅王驚問何故，崇某實說受迫捕一事。善耆大笑，對他說：「將軍捕你，我也無能為力，但還不致由我府中捕去，若你行街道中，須自小心了。」

相傳，宣統三年（1911），各省諮議局代表為請求提前立憲，聚集京師。攝政王避之不見，惟善耆在民政部大堂迎見各代表。對話氣氛緊張之際，善耆忽然把帽子摘下，高聲唱起了京劇：「先帝爺白帝城龍歸天境」，眾代表莫不愕然。善耆卻笑著說：「諸君莫慌，咱們都是好朋友，你們也不說是代表，我也不說是王爺，橫豎咱們樂一晌就得了。」使原先劍拔弩張的氣氛隨之釋然。遂留下「二簧一曲釋群儒」的雅謔。

玉鼎臣

玉鼎臣（186？～不詳），清季貴族，平生無意仕途，生性清高好歌，是光緒年間著名的「王爺票友」。工刀馬旦，而且擅司鼓板，亦長於胡琴。

光緒三十二年（1906），玉鼎臣糾集同好，創立了「霓裳雅韻」票房，地址設在京師禁衛街內的一處私房大宅院內，自任票首。他還親自制定了票房的規章制度，聘請名伶教戲、排戲，時常組織彩唱。他常唱壓軸或大軸，聲技具佳，頗有影響。

他還擅編戲，曾以《錦囊記》傳奇和《三國演義》第五十五回為基礎，結合傳統老戲《甘露寺》，編寫了全部《龍鳳呈祥》。全劇從周瑜定計、劉備過江

起，接演喬府求計、甘露寺相親、洞房合巹、趙雲驚駕，連演別母跑車，諸葛接駕，蘆花蕩、三氣周瑜。票房排演，角色齊全，規模浩大，他自演劉備。德振亭（即程繼仙）飾演周瑜，陳子芳、魏曜亭、喬藎臣、貴俊卿、王雨田等亦參加了演出，十分轟動。不少內行前來觀瞻。大儒易順鼎、袁克文和樊樊山觀後，做詩著文，褒揚不絕。後來，《龍鳳呈祥》一劇被許多伶人班社搬演，最終變成一齣大合作戲，每有喜慶節日，成了必演劇目，一直傳唱至今。

劇評家小織簾館主在《劇事碎談》中談到：玉鼎臣一生中另一個大成就，就是在票房中培養出了「富氏三友」，既他的三個親生女兒富竹友、富菊友、富蘭友。這三個女兒各各出類拔萃，在民初坤伶的行列中色藝第一、名冠一時。

曾經師事張之洞、李慈銘的同光派的重要詩人樊樊山和曾任雲南、廣東道臺的詩人易順鼎，不遺餘力地給予鼓吹，為「富氏三友」的唱和之作，連篇累牘地見諸報端。一時間，三姐妹成了傾城之豔。玉鼎臣從此放棄票房，在家當了老封君。

玉鼎臣的大女兒竹友，名淑安，曾肄業於北京振儒女學。幼承父訓，工青衣，兼工花旦，且家學淵源，深得陳德霖贊許，收為弟子，得其指導一切，青衣諸戲，靡所不能。《龍鳳呈祥》一劇中，富竹友飾孫尚香，洞房那段慢板，「昔日裏梁鴻配孟光」一段，就是玉鼎臣特意為女兒加寫的，陳德霖為之按腔，紅氍毹上一唱而紅，舉座為之傾倒。此段唱腔婉轉動聽，膾炙人口，一直唱至而今，也是玉鼎臣的一樁偉績。

次女富菊友，工鬚生兼小生，後來嫁與名武生孫毓堃。三女蘭友，生旦兼唱，也精妙可人。每每姊妹三人合演一戲，如《珠簾寨》、《梅龍鎮》、《大登殿》、《龍鳳呈祥》等劇，珠聯璧合，時有三絕之稱。

其中，以竹友最為優秀。及長，為人量珠聘去，不復以優孟為業。後來，婿家多生變故，家境日益衰敗，竹友便招收弟子，以授徒為業。民國二十七年春季，再度復出，演於長安戲院。但已無昔日光彩，未能博得全好。《女伶百詠》有詩評富竹友云：

千金聲價出侯門，一曲陽春古調存。

今日王孫猶乞食，賣歌何必暗銷魂。

詩後特別注明：竹友出身貴族，其父精通音律，為一代票界翹楚。指的便是玉鼎臣。

韓季長

　　韓季長（186？～不詳），為大清理藩院書吏，嗜戲如命，工小生，技藝精良，人稱「韓票」。他曾創辦「理藩院」票房，盛極一時。參加者有兵部書吏陳子芳、工部書吏魏曜亭等。該票房擅演大戲，如《福壽鏡》、《西湖主》、《德政坊》等，常於堂會中演出。

　　崇彝在其所著《道咸以來朝野雜記》中描述了彼時「官多不做事，遊樂飲宴於是盛行」的狀況。韓季長票房的「宴會酒席食品多者至五十餘種，蓋開筵以二十品侑酒，……首薦以八寶果羹，次之以燕窩，加之以魚翅，中加燒整豬、整鴨片，大件凡五簋，中碗炒菜亦八味。間以點心三道，皆每人一份，一甜點心，二奶點心，三葷點心。最末以四大湯菜、四炒菜為殿，冬日尚加以什錦火鍋，亦云侈矣。」

　　會眾在吃飽喝足以後，則徵歌選舞，串戲玩票。張之萬當政時，對理藩院票房最為欣賞，「因之各大員及各名流多附和之，各家每逢生日或喜慶事，無不以演此為榮，因之哄動九城矣。」

溥侗

　　溥侗（1871～1952），滿清皇族，姓愛新覺羅，名溥侗，字厚齋，號西園。人稱侗五爺，別號紅豆館主，乃「民國四公子」之一。

　　其父愛新覺羅・載治，乃乾隆十一子成親王永瑆之曾孫，過繼給道光長子隱志郡王為嗣，世襲鎮國將軍、輔國公，兼理民政部總理大臣。溥侗身為貴冑，自幼在上書房讀孔孟經史，學作詩文，鑽研琴、棋、書、畫，收藏金石、碑帖。且精於治印，通曉詞章音律。大清遜位後，寓居京師，每逢春秋佳日，溥侗便約集朋友到西

紅豆館主溥侗

山大覺寺小住。在清風朗月之下，淡酒薄茗，彈奏一曲，漁樵問答、高山流水，使人頓入絕塵脫俗之境。

1927 年曾任「樂律研究所」所長。他平生酷愛劇藝，對於崑、京藝術，生、旦、淨、末、丑，五行兼工，並且對戲劇音樂如笛、二胡、弦子、琵琶無所不通。後被清華大學、女子文理學院等校聘為教授，專門講授崑曲。

1935 年，當選國民黨第五屆候補中央監察委員，文化事業計劃委員會委員。抗日戰爭期間，溥侗未隨政府內遷，寓居上海，曾出任在汪偽政權的「國民政府委員」、「文物保管委員會委員」。如是，大節有虧，實為畢生之憾。

溥侗從小酷愛崑曲與京劇，他的技藝皆為名家親授。名宿王楞仙、羅壽山、陳德霖、黃潤甫、梅雨田、姚增祿、李順亭、余玉琴都曾對之傾囊。因此他腹笥淵博，能戲極多。張伯駒有詩讚之：

> 將軍紅豆問如何，崑亂兼全腹笥多。
>
> 慘睹當推曹子建，搜山傳自沉金戈。

許姬傳曾著文寫道：「溥侗在《群英會》一劇中，能演周瑜、魯肅、蔣幹、曹操、黃蓋五個角色，且都技藝精妙，出神入化。《奇雙會》能演趙寵、李桂枝、李奇三個角色，均甚出色。他演的老生戲《定軍山》、《連營寨》、《清風亭》、《打棍出箱》酷肖老譚（譚鑫培），旦角戲《金山寺》，《牡丹亭・拾畫》及《鎮潭州》等戲。他所演的《陽平關》、《戰宛城》的曹孟德，無論是念白、做派，皆有黃潤甫的神韻。《馬踏青苗》一場的趟馬，身段乾淨利索，氣宇軒昂，煞是好看。他和許多京劇名家同臺演出，從來不唱翻頭戲」。係中國戲曲史上一大奇才。

羅癭公所著《菊部叢談》中對他的評價是：「厚齋色色精到，音樂之外，詞翰、繪事、賞鑒，無不精能。兼蓋有唐莊宗、李後主之長，又非其他天潢所能企及耳。」陳彥衡在《舊劇叢談》中稱博侗：「有時粉墨登場，名貴之氣出於天然，尤非尋常所能比擬。」

溥侗還親自手抄了曲譜和京劇劇本數十本，他在北京時，在西單牌樓舊刑部街「意園別墅」成立「言樂社」，每週集會一次，研究劇藝。楊小樓、余叔岩、曹心泉、焦菊隱、王瑤卿、譚小培、姚增祿、唐明春、韓世昌、姜妙香、言菊朋、馬連良、侯喜瑞、韓雨田、尚小雲等都經常前往與會。

他在戲劇教育方面貢獻極大，先後培養學生百人之多。伶界、票界之外，文化界的汪健君、陳竹隱（朱自清的夫人），廖書筠，袁敏萱、馬伯夷、張澎聲，北方崑劇院教師葉仰曦等，都是他的弟子。

竹香

竹香（188？～193？）是前清達王的名字。他的王位世襲罔替，傳到他這一代已是七世。清廷遜位後，王府的氣勢不減，達王依然過著紙醉金迷的日子。竹香自幼嗜好京劇，工文武小生，受過德珺如、朱素雲的指點，能戲甚多，如《陸文龍》、《轅門射戟》、《小宴》、《琴挑》等，皆為內、外行稱道。

1914 年，他出資成立了「達王府」票房，位置設在地安門東皇城根 4 號達王府邸的偏院裏。定於每週日活動一次。參加者多係前清王公世家人員，有載洵、載濤、載緒、溥銳、阿穆爾靈圭親王、博迪蘇公爵、祺勛莊、祺貽莊、祺少疆、世哲生、榮竹農、毓子良等。

票房特邀錢金福、張淇林、朱文英、范福泰、范寶亭、遲月亭等來此授藝。富連成的方連元、馮富恩、羅連雲、郝連桐等「連」字輩學生，常來此合作演出。1916 年，因為經濟情況，達王賣房還債，票房遂告解散，竹香不知所終。

溥緒

溥緒（1882～1933），皇族出身，為清廷貝子，後承襲父職，封為莊親王。溥緒字菊隱，號清逸居士。民國後以莊為姓，稱莊清逸，筆名金菊隱。金者，皇族之姓，菊隱乃自喻歸田隱之陶淵明也。

溥緒是個悲劇性的人物，其伯父莊親王載勳在「庚子之亂」時，在府內設壇，扶持義和團進京殺洋人。結果定為罪臣，被慈禧賜帛而死。其父載功承莊親王之爵，襲爵不久，清室遜位，鐵杆高粱斷絕。溥緒是載功二子，弱冠之際，已面臨家族敗落。

溥緒性好皮簧，家中請有教習，專工武生。辛亥革命後，閉門家居，以票戲為樂，是名揚一時的「名票」。他的能戲有《長板坡》、《蜈蚣嶺》等。但是，他在當時，作為旗人既無俸糧俸銀，又受社會歧視與排擠，生活一度非常艱難。不得已將平安里的王府以 20 萬元銀元，賣給了軍閥李純兄弟。李純聽說豫王府內挖出了金窖，遂將莊王府的地上建築物盡數拆除，但是並沒有找到金窖。便把磚瓦、木料等一併運到天津，修建了李氏祠堂。溥緒以家產蕩盡，無顏見祖，遂隱去皇族姓氏改為姓莊，大隱於市。

《黃鶴樓》溥緒飾趙雲　　　　　　　　《虹霓關》溥緒飾王伯黨

溥緒在清朝敗落中體味了人間甘苦，憑藉高深的文學修養和對京劇藝術的熱愛，編寫了許多優秀的京劇劇本，成為當時有名的京劇作家。他編纂的劇本大多翻衍傳奇崑曲為皮黃。加之他長期觀劇票戲，通曉舞臺排場，所以他的劇本多為「場上之曲」，適宜排演，非文人案頭之劇可比。

他為尚小雲編寫的劇本最多，有《五龍祚》、《林四娘》、《千金全德》、《摩登伽女》、《婕好當熊》、《珍珠扇》、《燕子箋》、《桃花陣》、《雲彈娘》、《花蕊夫人》、《白羅衫》、《楚漢爭》、《文君當壚》、《謝小娥》、全部《玉堂春》、全部《白蛇傳》、《峨眉劍》、《秦良玉》等。他為程硯秋編寫了《柳迎春》、《陳麗卿》、《荒山淚》等。他為馬連良編寫的劇本有《要離斷臂刺慶忌》、《七擒孟獲》、《蘇武牧羊》、《羊角哀》等。他為楊小樓編寫的劇本有《陵母伏劍》、《野豬林》、《山神廟》、《三四本連環套》、《四本戰劍閣》、《甘寧百騎劫魏營》。他為高慶奎編寫了《馬陵道》、《豫讓橋》、《哭秦庭》、《贈綈袍》、《煤山恨》。為李萬春編寫了《汝南莊》、《佟家塢》等。此外，他還為朱琴心編寫了《情俠緣》、為徐碧雲編寫了《藍橋會》、為黃桂秋、王又宸編寫了《襄陽城》、為新

豔秋編寫了《荊十三娘》和《霸王遇虞姬》、為金友琴編寫了《芙蓉屏》和《雙鳳奇緣》、為雪豔琴編寫了《明妃》等。

據《皮黃劇本作者草目》、《京劇二百年概觀》等文獻記載，溥緒的劇作數量當在 60 種以上。《中國京劇史》評價他的劇作：「精於劇本結構，巧於排場關目，其新撰劇本多能演出於舞臺。其不足之處是，在技巧上沿襲舊套者較多，其晚期劇作詞色益工，舊套傾向也愈重。」

溥緒熟諳梨園掌故，大量收藏南府、昇平署劇本檔案和梨園耆舊抄本，為戲曲研究搜存了大量的文史資料。

載濤

載濤（1888～1970），姓愛新覺羅，號野雲，清室貴冑，滿洲正黃旗貝勒，係和碩醇賢親王奕譞第七子，光緒帝同父異母弟，為溥儀胞叔。他平生愛養鴿了，善騎馬，畫馬。更愛京劇，是一位有名的京劇票友。

載濤於光緒十午，出生在北京西城太平湖畔的醇親王老府。兩歲時，便封為二等鎮國將軍，晉升輔國公，十四歲襲貝勒。二十歲加封郡王銜，任總司稽察，專司訓練皇城禁衛軍。曾奉旨赴日、美、英等八國考察陸軍。清廷遜位之後，寓居王府，專心畫畫、票戲，仍然過著奢侈講究的王爺生活。

載濤酷愛京劇，尤其是武戲，府中聘請了多位著名伶人充當教習，專門伺候小王爺練功、練唱，每日如同讀經史、寫大字一樣，安步就班地做功課。王長林、張淇林都手把手地教他起霸、走邊、陪他打刀槍把了。加之他本人勤學苦練、不怕吃苦流汗，工夫日益精道，遠勝於一般專業演員。不論是長靠戲、短打戲，扮上就有，無一不精。

他小時淘氣，更愛猴戲。教師因勢力導，傾囊以授。他演的《水簾洞》、《安天會》等戲，深為內行稱道。他演的路數與楊小樓同出一轍，均為名伶張淇林親授。其他武戲如《鐵籠山》、《金沙灘》、《白水灘》也別具一格。除武生戲外，他還能演架子花，青衣、花衫，也是無可挑剔。

載濤的兒子金從政在回憶文章中說：載濤高興時，常邀集內行幫忙充當「下串」，鑼鼓一響，便在山老胡同自家的舞臺上粉墨作場。先演猴戲，然後卸了裝重新化裝，再上場時，就變成了雍容華貴的楊貴妃了。老街坊們紛紛湧入府內看戲，滿堂彩聲，便是載濤的最大快慰。至於花了多少銀子，他全不管不問。依然是一派王爺作風。張伯駒有詩記之：

親貴當年舊郡王，貴妃醉酒似余莊。

蘆花蕩並安天會，亡國今猶唱隔江。

因為他的技藝高超，很多內行都紛紛登門求教。李萬春為了排演猴戲，曾直恭直令地向載濤學了三年。解放後，李少春出國演出《偷桃盜丹》，也都把載濤請到京劇院把關指導。

不過自民國以降，丟了「鐵桿兒莊稼」的載濤，日子越來越難過。先是將貝勒府賣給了輔仁大學，全家搬到寬街的固倫榮壽公主府。不久又賣了這處宅院和家中的一切，最後抱著枕頭搬進了西楊威胡同十六號自家養馬的馬號裏去了。

《八大錘》載濤飾陸文龍（左）

解放軍進城之後，在周恩來的提議下，他被任命為炮兵司令部馬政局顧問，協助部隊馴馬。中國戲曲學校成立以後，聘請他為教授，常請他為學員說戲，使他的長技得到充分地施展。李玉聲曾對我說過；「在校期間，安排我們幾個學生學猴戲。一早由老師帶著我們直奔西楊威胡同濤貝勒府。在大院子裏，濤貝勒給我們說戲時，旁邊總站著一個拿蠅帚的老太太，直恭直令、一動不動。後來才知道，那是貝勒家的一個老太監。」

世哲生

世哲生（1890～1945），名樞，祖籍吉林市，生於北京，世襲侯爵，故稱「世七侯」。他的祖父是希元，曾歷任杭州、荊州、黑龍江、吉林、福州等地將軍，又兼任閩浙總督。

世哲生從小愛好京劇，曾從姚增祿、王長林、范寶亭等名家學戲，拜楊小樓為師，長期在「果子觀」票房學戲、票戲，長靠、短打樣樣精通。他的武生戲，功力深厚，扮相英偉，氣度大方，連科班內行亦多歎不如，稱他在內行中也是不可多得的人才。

據說，在一次堂會上，他演出《金錢豹》。俞振庭先生在座，演畢，讚歎的說：「我們內行人能演成這個樣兒的能有幾人！」回頭又對世哲生說：「您給我們行里人留碗飯吧！」可見他技藝的精道。

1933 年，經熙洽的約請來到吉林，先後在吉林俱樂部舊劇組、吉鐵劇社和協和劇團京劇部參加演出，並併兼做這些票房的教師。這樣就留在了東北。在滿洲的文化檔案中記載，1942 年，世哲生曾應滿洲映畫公司之邀，拍攝了電影《小放牛》。彼時他已 52 歲，所飾牧童，依然身手矯健，狀如童子，精彩萬分。事後不久，生病故於吉林。

袁克文

袁克文（1890～1931），小名叫招兒，字豹岑，號抱存和寒雲。他是袁世凱次子，排行第二，世人稱之為袁二公子，他也是著名的「民國四公子」之一。

克文是袁世凱的韓國夫人金氏所生，師從清代大儒方爾謙，自幼熟讀四書五經，精通書法繪畫，喜好詩詞歌賦，還極愛收藏書畫、古玩。更喜愛京劇，常與名伶交往，對戲劇表演技藝有「一睹便會，無師自通；能歌善舞，出自天然。粉墨作場，勝於名伶」之謂。

後來，因為反對乃父袁世凱稱帝，為族眾所棄。從此揮金如土，放浪不羈，宿娼、票戲；煙燈、脂粉，不離不棄。他的妻妾成群，除元配妻子劉梅真外，還娶了情韻樓、小桃紅、唐志君、于佩文、亞仙等五個姨太太。沒有名分的情婦更是無計其數。因此觸怒了袁世凱，派人緝拿懲治。他便逃往上海，加入了青幫。此後在上海、天津開香堂，廣收門徒，當了青幫掌門人。

　　袁克文最喜歡彩串的是崑劇《千忠戮‧慘睹》，每當他唱道：「收拾起大
地山河一擔裝，四大皆空相，看江山無恙，誰識我一瓢一笠到襄陽」時，如泣
如訴，慷慨激昂。是曲切入心境、有感而發，悲從衷來，不可斷絕。自謂這段
〔傾懷玉芙蓉〕乃「寒雲之曲」。他的別署「寒雲」二字，蓋出於此。劉成禺
有《都門觀袁二公子演劇作》詩一首贊道：

　　　蒼涼一曲萬聲靜，坐客三千齊輟茗。
　　　英雄已化劫餘灰，公子尚留可憐影。

袁克文的《昭君出塞》劇照

　　袁克文無心政治，在袁世凱和袁克定忙於登基的時候，他卻一味忙於看戲、演戲。張伯駒在《春遊記夢‧洪憲紀事詩本事簿注》中記載：「乙卯年北京鬧洪憲熱，人蝟集都下，爭尚戲迷。當時袁氏諸子、要人、文客長包兩班頭二排」，由此可見一斑。

　　他在《審頭刺湯》中飾演忘恩負義，恩將仇報的勢利小人湯勤。在他演來，也有登場寄慨的含義。充滿反覆「人情薄如紙，兩年幾度閱滄桑」的悽愴之感。這兩齣戲就成了「名票」袁克文的代表劇目。

　　1918年，袁克文創立票房「溫白社」，一面會集曲友排演於江西會館，一面與同好作文酒之會，討論劇曲，興趣彌濃。交換知識，研求有得，則筆而書之，以寄京園。他對南曲崑系字音演變的梳理，對於「吳鄉崑班，古法亦失」，「維教學者之歌尚有遵循，規矩因賴以不墜」的看法，對演劇「不可如俗伶泥守成法，亦不可如妄人，任意亂改」的看法，都很有見地之談。

　　袁克文一生著述很多，有《寒雲手寫所藏宋本提要廿九種》、《古錢隨筆》、《寒雲詞集》、《寒雲詩集》、《圭塘唱和詩》。所寫掌故、筆記，如《辛丙秘苑》、《洹土私乘》等頗多獨特之資料。

　　1931年，袁克文患猩紅熱，死於天津兩宜里寓中。其一生交友無數，雖然都是筵宴冶遊之友，真心懷念他的人也不少。唐魯孫認為，評價他的一生行跡，以梁眾異寫的對聯最為貼切：

　　　　窮巷魯朱家，遊俠聲名動三府；
　　　　高門魏無忌，飲醇心事入重泉。

毓銘

　　毓銘（1891～1944），姓愛新覺羅，名毓銘，出身皇族，按滿籍皇族輩份排，「毓」姓地位很高。後改用「玉」字為姓，名字改為玉銘，自署臥雲居士。民國之後，全族以趙為姓，他的名字就也為趙靜臣了。

　　毓銘青年時期就讀於滿族貴胄法政學堂，與金仲仁同學。當時，北京八旗子弟都喜歡學唱皮簧。毓銘因嗓子響亮，又崇尚龔雲甫的演唱，就拜了伶人為師，學習老旦了。

　　據日本戲劇研究專家波多野乾一所著《京劇二百年之歷史》記載：毓銘的演唱「嗓音絕佳，為票友老旦之第一人。其嗓音之結實，遠過於龔，而無龔之嗓音動聽。」這一評價在當時是十分公允的。毓銘嗓音高亮堅實，在臺上

演唱「乙字調」。一個晚上演雙齣，嗓音也不覺吃力。他的嗓音帶有難得的老旦「雌音」，極似龔雲甫。而且念白和做派十分講究。他在臺上大膽突破，一改舊日老旦只重唱功的傳統方式，使老旦的舞臺形象更加入戲、面目一新。因此，為觀眾對之特別推重。

最初，龔雲甫與毓銘並不相識，有一次在同一天晚上，龔雲甫在華樂戲園登臺，大軸為《太君辭朝》。臥雲居士則演於廣和樓，是大軸《全部釣金龜》。這兩場老旦的「對臺戲」，十分轟動，劇場的觀眾滿坑滿谷、座無虛席。龔雲甫非常愛惜人材，聞知十分高興。主動託人要與臥雲居士一晤。梨園界的同行也一力竄促，毓銘正式拜龔雲甫為師，並且從此下海從藝。此後，他與梅蘭芳、言菊朋、時慧寶、金仲仁、雷喜福、奚嘯伯、楊寶森、趙嘯瀾、李盛藻、

《太君辭朝》毓銘飾佘太君

孫毓堃、言慧珠等人經常合作，最稱著的是《四郎探母》中的佘太君。龔雲甫把毓銘看作是自己的傳人，臨終時，曾將自己演出時使用的龍頭拐杖傳給了毓銘。

毓銘常演劇目有《徐母罵曹》、《母女會》、《滑油山》、《四郎探母》、《太君辭朝》、《釣金龜》、《託兆哭靈》、《遇后龍袍》等。大多唱段兒都被灌製成唱片傳世。他在《沙橋餞別》劇中反串唐僧，也暢快淋漓，為人樂道。

毓銘在 1944 年春節，與言慧珠合演於天津中國戲院，因突然患病返京，遂一病不起。同年秋天，病故於北京謝家胡同。

張伯駒

張伯駒（1898～1982），別署凍雲樓主，河南項城人。其父張鎮芳，是光緒三十年進士，歷任天津道、長蘆鹽運使、直隸按察使、河南提法使等職。張伯駒天性聰慧，七歲能讀書，九歲能寫詩，素有「神童」之譽。一部《古文觀止》可以倒背如流。三千多卷的《二十四史》，他 20 多歲時便已讀完了兩遍。曾與袁世凱的幾個兒子一起就讀於英國人開辦洋學堂。畢業後，進入軍界。但其好文厭武，不肯任職，過著與世無爭散淡生涯，與張學良、溥侗、袁克文一起為時人稱為「民國四公子」。

張伯駒收藏中國古代書畫，不僅出於個人愛好，乃是以保存重要文物不外流為己任，不惜一擲千金，變賣家產或借貸亦不改其志。他曾買下傳世墨寶西晉陸機《平復帖》和隋展子虔《遊春圖》。但他又不作私藏，轉手捐獻國家，其志高潔，無人可比。

《空城計》張伯駒飾諸葛亮

張伯駒醉心於京劇藝術，自幼與諸多名伶結為朋友，尤與「鬚生泰斗」余叔岩往來最多，相交最深。二人嘗徹夜交談，研究發音吐字、劇情戲理，從無倦意。他還從錢寶森、王福山習武工。興之來時，便粉墨登臺，唱上幾齣，倒也消魂遣興。《別母亂箭》是他最常演劇目。他一生推崇「余派」藝術，演來無一不精。只可惜嗓音欠亮，不甚打遠，有「張電影」（指彼時的無聲電影）之綽號，是一大遺憾。

他一生與名伶合作的演出甚多，1937 年為賑災所演的《失空斬》，是他在京劇史上最出名、也是最難得的一次演出。他飾演孔明、余叔岩的王平、楊小樓的馬謖、王鳳卿的趙雲、程繼仙的馬岱、陳香雪的司馬懿、錢寶森的張郃、慈瑞泉、王福山的二老軍帶報子。演出地點在隆福寺福全館，當天盛況

空前，許多外地戲迷也遠道而來看這齣藝壇絕響。據說，這場演出當時曾拍攝成了紀錄電影，但原版流入美國，今已不知去向。

1930 年，他與李石曾、齊如山、梅蘭芳、余叔岩、馮耿光等組織了「國劇學會」，創辦《國劇畫刊》、創立國劇傳習所、編纂《國劇詞典》等等，大力倡導「國劇」研究。發揚光大京劇做出極大地貢獻。

抗戰勝利後，張伯駒曾任河北省政府顧問、故宮博物院專門委員。解放後，出任北京中國書法研究社副社長、北京京劇基本藝術研究社副主任理事、文化部文物局文物鑒定委員會委員、北京市政協委員等職。

1957，他為京劇藝人請願並呼籲政府解除禁戲，被劃為右派分子。文化大革命中又遭到多方迫害、誣陷和抄家。珍藏的無數字畫文物，皆被紅衛兵付之一炬。「四兇」伏法後，張伯駒再次擔任北京戲曲研究所研究員、北京崑曲研習社顧問，為振興京、崑戲劇藝術力盡綿薄。

張伯駒一生著述甚豐，主要有《叢碧詞》、《春遊詞》、《秦遊詞》、《霧中詞》、《無名詞》、《續斷詞》和《氍毹紀夢詩》、《氍毹紀夢詩注》、《洪憲紀事詩注》及《亂彈音韻輯要》、《京劇音韻》、《叢碧書畫錄》、《素月樓聯語》等。

汪紹

汪紹（189？～不詳），為滿族貴冑，一生嗜戲成癖，不讀書、不看報，不識仕途經濟，只會票戲。他曾出資在德勝門甘水橋果子觀，創辦了著名的「果子觀」票房，邀集了無數滿族貴冑子弟在一起吹拉彈唱，粉墨俳優。來此活動者多是皇親國戚，如載洵、載濤、溥侗、倫敘齋貝子等，還有許多名票，如恩禹之、來伴琴、寧子臣、松介眉、關醉蟬、張小山、程茂亭、喬藎臣、趙芝香、小鳳凰、于冷華、呂正一、張德祉、翁麟聲（即翁偶虹）等等。

汪紹本身工老生，為了學戲，花重金請了許多內行師傅，最後還拜在了王長林門下，學到不少真本事，在京師票界有些名望。他在家中設了練功房，雇有專職文武場面，每日除了練功，就是弔嗓子，用功之刻苦，遠勝專業科班。

他每學會一齣新戲，必花錢邀請頭路大角為他配戲彩唱。花錢之多，如同流水。他長期租用于雲鵬戲箱，租用大戲園子為他自己排戲彩唱之用。

每次演出，他都登報發帖，邀集親朋友好前去觀瞻，還備有精美茶點熱情招待。最後，千金散去，傾家蕩產。祖上留下來的珍玩擺飾、房屋什物，均

當盡賣光，下場甚是淒涼。據說，他在四十年代末期，竟在果子觀附近的街面上擺攤兒賣起大碗茶了。

祺少疆

祺少疆（189？～不詳），亦名祺克慎，北京人，滿清貴族。為蒙古科爾沁親王那彥圖（那鉅甫）的第五世郡王，是一位著名的王爺票友。工孫派老生，頗得孫菊仙的神似。以《馬鞍山》、《上天台》、《法場換子》、《八義圖》等戲為最為拿手。

祺少疆在 1924 年出資租房，在安定門千佛寺內成立了「千佛寺」票房。他和克勤郡王後裔于幻蓀、于菊人等友好常聚於此，吹拉彈唱，練功排戲，並請當紅伶人陳喜興前來指導。

票房內部設備講究。室內一側擺設一兩張長方形的「油桌」，桌子前面掛著紅緞繡花的桌圍。桌上左右兩角各擺一盞四方形的紫檀桌燈，上雕雲龍圖案。燈罩為薄紗製作，繪有仕女、花卉。燈內點蠟燭，正中有水牌一面。水牌寫著當日演唱的節目。桌子左、右方擺著文武場面。票友分別坐在桌子兩旁的長凳上，背向聽眾演唱。這是因為票友多是王公貴冑或名人顯貴，拋頭露面有礙身份所形成的規矩。

參加活動的還有程茂亭、王瑞芝、周子敬、邵午橋、黃占彭等人。後因人員多，地方窄，就遷至鼓樓東寶鈔胡同北口蒙古公爵宗宅院內。祺少疆舉家離京返回蒙古後，票房遂停止了活動。

榮稚峰

榮稚峰（1900～不詳）是前清內務府大臣繼子壽的內侄，封疆大吏榮祿的親侄子。是一位典型的「八旗子弟」，老北京的著名票友，工老生，後改名叫王榮魁。

他在 1915 年，在麻花胡同內務府繼宅成立了有名的「正樂票房」，俗稱「繼家票房」。聘請了旦行名票唐仲三主持。每逢三、六、九日活動，花重金請名伶教戲，參加者有「明娃娃」裴雲亭、王福山、姜鑫坪，「碧蘿館主」尚遜之、蕭婉秋、陳月山、溥華峰、李質軒、秦漁村、王文源等等。陣容十分強大，時常票演，四城轟動。

當年，繼家大宅門在北京「擺闊」是相當有名的。繼家的八太太，是榮稚峰的姑媽，本是位道臺的女兒。由於有錢有勢，處處講排場，是個花錢的

能手。據說每年舊曆正月二十八日，繼八太太都要為自己辦壽，不論散壽、整壽，都相當隆重。辦壽時演堂會。戲要分成三院，一院演崑曲劇目，二院演京劇，三院演什樣雜耍，任憑來賓們隨意觀賞。每院設有貴賓席和普通客座，客座為八仙桌、太師椅、花籃椅組成，每桌設四乾、四鮮、四點心，並大紅戲單一紙，由知賓讓座。客座分男賓席、女賓席，男賓席由男茶房伺候茶點，女賓席由侍女伺候茶點。

榮稚峰則率領自家票房的票友和請來幫忙的藝人們大顯身手。所排劇目一一演來。演出當中，要向來賓「三獻茶」。一獻棗茶，二獻菊花茶，三獻蓮子茶（夜間則獻蓮子粥）。這都是北京壽慶堂會中罕見的排場。散戲之後，來賓告辭，必送與禮物一件表示答謝。諸如尺頭（衣料）、首飾、仿古工藝品之類，人人有份。「謝步道乏」時，再送一份更重的禮物，即什錦蒸食一匣，以包子為主，包子餡或是雞鴨口蘑丁、或是海參干貝玉蘭片，全是獨出心裁，市面全無。每年照例由八太太親自拌餡，廚師蒸好，經八太太親自驗看後，方才打入蒲包或紙盒，由知賓送出。時諺有「看戲送包子」之典，概出於此。

後來，繼家勢敗，有出無進，家業凋零，票房於1926年冬天停止活動。到民國二十二（1933）年，繼家的大宅子也賣了，由於管家與賣方熱河省主席湯玉麟的管家相互勾結，在契約上做了手腳，所有家中的器物也統統被人強佔了去。表面上原是說的以十萬塊錢購買這所宅子，誰想到交銀之後，湯氏忽派來大批軍警，將宅中舉家老幼僕婢人等一齊趕了出來，除隨身衣物外，所有動用家具以及古玩等物，不許搬出一件。這一下可把這位榮稚峰坑苦了。再找管家，早已溜號。此後，這位名票也就消聲匿跡，不知所終了。

下海名票

張二奎

　　張二奎（1813～1860），名士元，字子英，堂號「忠恕堂」。直隸衡水人，因當地風俗，人人嗜戲，張家也不例外。二奎生在書香門第，隨先輩經商來到北京。他的哥哥大奎經過科舉考試，在某部當了一個小官。二奎被家中送入私塾，但他的興趣不在讀書，最喜歡聽曲。年齡稍長即常到茶園戲樓看戲。歸後，就私下裏揣摩動作，學習演唱。

　　二十多歲時，他在兄長的幫助下，在工部都水清吏司當了名經承小吏。該司是掌管河渠舟航、公私水事

咸豐年間出版物上刊有張二奎擅演的劇目

的一個衙門，平時清閒，正好對了二奎心思，得暇交了不少伶界朋友，不僅學戲，而且還常去票房唱戲，成了一名票友。

　　二奎體貌軒昂，儀表英偉，顏面美如冠玉，更有天賦極佳的好嗓子，高入行雲，唱起來字字堅實，顛撲不破。而且唱功平穩寬亮，多用北京字音，吐字清晰，自成一格。演出《取成都》、《捉放曹》、《打金枝》等劇，極受顧曲者好評。一時間，滿城爭誇張二奎。但是後來被人舉報，說他身為旗籍官吏，竟與優伶為伍，不務正業，遂被上司撤職。

二奎正好得以解脫，二十四歲時正式下海，將全部家私投入和春班，自任班主兼主演。他的努力和藝術實踐，使其表演出類拔萃。後來，加入了四喜班，為頭牌老生。他擅長扮演帝王貴冑一類角色，如《金水橋》、《取滎陽》、《大登殿》等王帽戲，最為著稱。特別是《上天台》的大段〔二黃快三眼〕唱詞，有別於他人，單唱江陽轍，一轍到底。他在《牧羊卷》、《捉放曹》、《五雷陣》、《桑園會》、《四郎探母》等戲中的表演也頗為精彩，有時還兼演武生戲。

咸豐年間，他曾與大奎官（劉萬義）共組雙奎班，編演連臺本戲《彭公案》、《永慶升平》等。在《惡虎村》中他還能扮演黃天霸。由於演唱夾以京音，時稱「京派」或「奎派」，與程長庚、余三勝並稱老生「三傑」或「三鼎甲」。人們為紀念他們在京劇初創時期所做的傑出貢獻，把他們在劇壇活躍的時期定為京劇的起點。鑒於張二奎對京劇藝術的形成做出的貢獻，一度公推為精忠廟廟首。

但是，他晚年脫離了舞臺，重興私寓，經營自己的忠恕堂，收徒傳道。他的弟子殊眾，皆以玉字排行，如楊月樓本為楊玉樓，俞菊笙本為俞玉笙。技藝均很出色，都成為同光時期著名的京劇紅伶。

劉趕三

劉趕三（1816～1894），原名寶山，號芝軒，字韻卿，堂號保身堂。因為他的演出受歡迎，常常日趕三場，被同人諷為「趕三」，他乾脆就把「劉趕三」當成了藝名。他是同光年間京劇舞臺第一代丑行代表，影響極為廣遠。

劉趕三出身於在天津的一個從事醫藥生意商賈之家。少年入學讀書，聰明有才，蜚聲鄰里。因常常到茶樓戲園觀劇，漸漸入迷。道光年間，加入天津侯家的「群雅軒」票房。與其同時的票友有郎八十、杓子劉、張三元、孫大、李保、張子玖、余三勝、常子和諸人。

劉趕三初學張二奎唱老生戲，後來到北京拜了郝蘭田為師。郝蘭田本工老生，後改老旦，兼演丑角，所以劉趕三搭班「永勝奎」後，也是三者都演。他加入三慶班時，被選為內廷供奉，常進宮演戲。一度出任精忠廟首，為「同光十三絕」之一。

劉趕三的嗓音清亮響堂，念白清脆爽利，冷雋詼諧，做表傳神。同時，他又有較高的文化修養，能根據劇情自編唱詞，改變了以往丑行「重念不重

唱」的狀況。所演人物無不幽默風趣。常於臺上抓哏，嘲諷權貴，抨擊時弊。留下許多世人傳誦的趣聞。

據說戊戌維新後，慈禧與光緒母子結怨，看戲時，慈禧坐堂中，令光緒侍立於側。劉趕三見狀甚為不平，在演《十八扯》時，加了一段話白說：「別瞧我是假皇帝，還有個坐，那真皇帝連坐兒也沒有。」這句話正好刺中慈禧隱惡，但欲怒無由，為掩眾口，就讓光緒入座看戲了。

光緒初年，趕三在宮裏演《思志誠》一劇，他飾演妓院老鴇了，演到嫖客來時，恰巧惇王、醇王、恭王都進來看戲。當時妓院中妓女均以排行

劉趕三的戲裝相

相呼，而無名字，他便在臺上大聲呼喚：「老五、老六、老七，出來見客呀！」一時臺下哄笑不止。因為惇王行五，恭王行六，醇王行七，故而趕三以此相謔。

劉趕三最善演丑婆子，他家畜養了一頭驢，每演《探親家》時，他就騎上黑驢上臺，臺下滿堂叫好。他演《拾黃金》一劇，能以兩手拉胡琴，兩膝各縛大鈸，右足趾夾一錘，左足懸一鑼，坐桌上唱《二進宮》，屆時胡琴、鑼鼓同時並奏，音節諧美，令人叫絕。

他不僅擅演《老黃請醫》、《絨花記》、《連升店》、《法門寺》、《十八扯》、《花子拾金》、《瞎子逛燈》、《入侯府》、《下河南》、《貪歡報》、《一兩漆》、《雙搖會》、《雙沙河》、《紅門寺》、《鴻鸞禧》等老戲，尤精於婆子戲，如《送親演禮》、《浣花溪》、《變羊記》、《拾玉鐲》、《鐵弓緣》、《玉玲瓏》、《金玉墜》、《普球山》、《思志誠》等。他在《探親家》中飾演的鄉下媽媽，冠絕一時。張伯駒有詩悼之：

罵世敢嘲李合肥，方巾難演是耶非。
趕三一死無蘇丑，唯有春山唱打圍。

薛印軒

薛印軒（182？～？），是道光年間京師劇壇的著名票友，在京劇發展史中具有承前啟後，做出了不可磨滅貢獻的表演藝術家。他出生於陝西雒南的一戶官宦世家，其父因為官清廉方正，有所作為，乃由漢籍轉入旗籍，奉調北京。

薛印軒自幼飽讀詩書、聰敏過人。尤喜戲劇，幾乎日日觀戲，且與京師藝人頻相往來，相互切磋崑弋皮簧，每每與名班登臺串演，觀者如堵。他的能戲頗多，文武崑亂不擋。最擅老生，融徽、漢、京三派之長，且多有發展。時人有詩讚曰：

名班總仗票幫扶，全勝金輿甚可虞。

不見印軒不上座，果然弟子勝江湖。

薛印軒個性很強，冒著削籍的危險，毅然「下海」從藝。在「新興金鈺」班任首席老生和領班。他領銜獻演的《乾坤帶》紅極一時。他在劇中飾演唐太宗，首創了〔導板〕〔回龍〕轉〔原板〕，一套新的板式，為內行和顧曲家們一致歎服。道光年間，由於朝廷的腐敗，社會弊端積重難返。1840年，鴉片戰爭爆發，中國戰敗，被迫簽訂喪權辱國的《南京條約》。奈何朝廷苟安、拒絕變革，內憂外患日益嚴重，鴉片在國內更加肆虐，煙民暴增，煙館林立。社會上的志士仁人掀起了戒煙運動。以期喚醒民眾自強不息，愛國保種。

薛印軒思想進步，支持禁煙。他自編、自導、自演了一齣新戲，名叫《煙鬼歎》。他在劇中飾演一名叫魏不飽的大煙鬼，自怨自艾地控訴大煙的毒害，藉以警示人心，戒毒自愛。

這是1924年上海華成煙公司出品的《煙鬼歎》香煙畫片，足證這齣小戲影響之長遠。

他借煙鬼之口唱道：「癮來了傷心淚滔滔不乾，渾身上下如水澆。舉步維艱強扎掙，手扶牆走進煙館，挑一分吃幾口才得舒展。我死後歎屍骨無人埋掩。年深久免不得屍骨不全。思想起我妻子難以相見，你母子在陽世我在陰間。到如今後悔遲休把人怨，只怨我不學好愛吃洋煙。」

這齣戲在當年影響極大，一直留傳到民國初年還在上演。1920 年王大錯將其編入《戲考》。並加注釋云：「《煙鬼歎》一劇之命意，本乎醒世要旨，頗有針砭社會之功。編者冀藉此戲以收功於社會，其用意之善，誠不可沒。」該算是京劇最早的時事新戲，反映了禁戒鴉片煙的時代情緒。也體現了薛印軒的進步思想和大膽的創造精神。

盧勝奎

盧勝奎（1822～1889），其名不詳，藝名盧勝奎，綽號「盧檯子」。出生於道光二年；逝世於光緒十六年。

盧勝奎出身於仕宦人家，祖上為清朝官吏。自幼在族中私塾上學，習讀孔孟，受過良好傳統教育。且為時風影響，從小酷愛戲曲，最愛與伶人交往。因為屢試不中，仕途無望，遂毅然離家，專心在票房學戲、票戲了。

他在做票友的時候，唱、念、做、表，已經相當出色。大老闆程長庚認

盧勝奎小像

定他的前途無限，遂約其加入三慶班，從此正式下海。在進入劇界後，便隱去了真名，當時張二奎正值大紅大紫，自己便取了「勝奎」為藝名，暗下決心，一定要超過二奎。

他演的老生戲最為講究，尤擅孔明戲十分精妙，一上場就來「碰頭好」，有「活孔明」之譽。擅演劇目有《盜宗卷》、《胭脂虎》、《空城計》、《瓊林宴》、《開山府》等。

由於他的文化高，不僅熟讀史書，而且通透戲場，極善編劇。彼時，三慶班演出的三十六本連臺本戲《三國志》，就是他親自編寫的。後來，常見於舞臺有關薛仁貴的故事《龍門陣》，還有全本《法門寺》等，均出於盧氏之手。因為，劇本為一臺戲之根本，故而人稱其為「盧檯子」。他是最早的一位京劇劇作家，為程長庚得力輔弼。

盧勝奎是名丑蕭長華的義父，也是一位著名的戲曲教育家。蕭長華的技藝多為盧勝奎傳授。譚鑫培在未紅之前一直與他配戲，做功、身段都受過盧勝奎的親炙。

穆鳳山

穆鳳山（1840～1912），原名長壽，字鳳山，人稱「小穆子」，出身滿族中等人家。喜歡二簧，為翠峰庵票房的票友。他私慕名淨張奎官的演唱方法，曾拜「大奎官」劉萬義為師，學銅錘兼架子花，因有武功，所以也兼武花臉。壯年毅然下海，搭四喜班。因技藝驚人，選為內廷供奉，常進宮演戲，得過厚賜。

穆鳳山是京劇淨行革新的第一人。早先的銅錘花臉講究唱來「鐺鐺鏘鏘，金鐵皆鳴」，欠缺在於過於直樸，不太受聽。穆鳳山則創出許多新腔，如〔西皮二六〕，化直為柔，有婉轉流暢之美。而且，吸收了大奎官善用「鼻音」的唱法，對於閉口字的收、放，運用得新穎有味。他把這些技巧用於《刺王僚》和《斷密澗》中，表現姬僚的多疑多慮，以及李密的淒涼惋惜，都是非常恰當生動的。由於他喜好恢諧，如《牧虎關》的〔流水〕，垛句等恢諧的唱法，都是穆鳳山的創造。

穆鳳山文武全才。文戲如《雙投唐》、《大保國》、《探皇陵》、《沙陀國》；武戲有《八蠟廟》、《惡虎村》、《盜御馬》等，都是擅演劇目。他能唱大軸子，首開淨角演大軸之先例。

穆鳳山在清廷昇平署當差，因為不願意受束縛，於 1831 年偷偷溜出北京，潛到上海唱戲。一未向昇平署請假，二未向精忠廟打招呼。內務府得知後，派番役到滬捉拿。從此，他再也不敢公開唱戲，退出舞臺不知去向了。後學的子弟誰也不敢承認是穆門的徒弟。但是，他的那些突破性的唱法卻傳留了下來，直到而今《刺王僚》、《黑風帕》的唱法都不變。

孫菊仙

孫菊仙（1841～1931），原名濂，字寶臣，號錫年、學年，人稱「老鄉親」。祖上世代經商，主要經營漕運、糧行。京、津兩地都有買賣，下邊分號無數，分布在河北諸縣鎮的碼頭。同光年間，國事日非，內憂外患，經濟凋蔽，在他主事的時候，生意已不如以前。

孫菊仙小像

孫菊仙生於天津，自幼悟性很強，喜好音律、戲曲和武術，家中請有教習指導。十七歲時考取武秀才，再考武舉人的時就屢屢落榜。二十歲孫菊仙投筆從戎，投奔清軍陳國瑞部下，參與了鎮壓太平軍的戰役。因作戰有功，獲三品軍銜，作過「候補都司」。後來，因提拔他的長官涉案革職，孫菊仙便棄官回到天津。因為愛唱京劇，就加入雅韻國風社玩票。這一階段，他特別迷戀程長庚的演唱，來到北京，直接投其門下學唱京劇。

他先是做票友，看戲觀摩，常到北京四城票房以戲會友，技藝有了長足進步。在程長庚的支持下正式下海，加入了祝成班。他歌喉洪亮，且是行伍出身，功架考究，又善於揣摩各家之長，很快就紅遍京城。

彼時譚鑫培、汪桂芬正在走紅，譚鑫培的代表作是《碰碑》，汪桂芬的代表作是《文昭關》，孫菊仙的代表作則是《三娘教子》，時稱「三絕」，觀眾百聽不厭。北京街頭巷尾常可以聽到有人哼唱孫腔「小東人」。

1886年，孫菊仙被昇平署看中，時常招入清宮演戲，尊為內廷供奉。同時兼任宮中教習，甚受慈禧太后的稱賞，被賜予三品頂帶。八國聯軍入侵的時候，孫菊仙在城內的寓所被燒毀，全家遷往上海居住。他在上海從事演出和經營戲班十年之久。孫菊仙的演唱受到旅滬的天津商人的讚賞，因為同里關係，大家都親切地稱呼他「老鄉親」。

孫菊仙常演劇目有《雍涼關》、《七星燈》、《搜孤救孤》、《搜府盤關》、《完璧歸趙》、《馬鞍山》、《臥龍弔孝》、《胭粉計》、《善寶莊》、《洪羊洞》、《三娘教子》及《四進士》等。長期的舞臺實踐，他獨創了自成一格的「孫派」。

孫派藝術的直接傳人不多，雙闊亭、時慧寶分別繼承了他的高亢挺峭和低回渾厚。蕭長華的一些唱腔中也含有孫派的餘韻。孫派藝術對後起的「麒派」、「馬派」，亦有著很大的影響。

孫菊仙晚年熱衷於天津的公益和慈善事業。民國二十年天津大同學校為籌募辦學資金，在春和戲院舉行募捐義演。孫菊仙不顧自己已經是九十歲的高齡，堅持參加。這是他最後的一場演出，劇目為《李陵碑》。演出過程中，年邁的孫菊仙，唱念僅是吐字，音已不能成聲，在臺上步履蹣跚。觀眾為之感動，頻呼：「老鄉親辛苦了！」舞臺上下情融一片。三個月後，孫菊仙在天津病逝。

麻德子

麻德子（1842～不詳），其名不詳，據說他早年生天花，臉上落下不少麻子，故人稱「麻德子」。他出身於滿族家庭，幼年時已勢頹破落，沒上幾年學，但好習武功，家中聘有教習督功，加之自身的刻苦，學得十分紮實。長成，在內務府謀得一個差事，但收入不足養家。

麻德子自持工夫在身，便辭職下海，加入三慶班，應武丑，曾與慶四演出《三盜九龍杯》等戲，以身手矯健紅極一時，成為當紅的名丑。

麻德子（左）與何桂山的劇照

在技藝上，他將武術的技巧揉和在武丑表演中，翻、滾、跌、撲，變化萬千。晚年曾與譚鑫培配演《戰宛城》的胡車、《連環套》的朱光祖、《慶頂珠》的教師，為一時佼選。他演出《五人義》時，言詞鋒利，口若懸河，為武丑行當中的奇才。

他還擅演崑曲《清忠譜》，主角周文元為武丑、武生兩門抱，麻德子演來遊刃有餘，最早享名。後來，是戲傳於王長林，再傳於葉盛章，都是麻德子的路數。他演《鍾馗》戲中的小角色驢夫鬼也是一絕，據說，他在臺上走的玩意兒後人無一能學。

劉景然

劉景然（1844～1929），河北豐潤縣人氏，出生於酒行的貿易之家，經濟寬裕，酷愛京劇，加入當地票房，唱老生，時常粉墨登場，在當地很有名氣。

因為家中生意關係，他在 32 歲時來到北京，在三里河主持天順酒店的業務。得以經常觀摩名伶演出，暇時常到各票房以戲會友。經人介紹，拜了孫菊仙為師。孫菊仙認為他的扮相、唱、做都中規中矩，將來很有發展。他便動了心，毅然棄商從藝，下海唱戲了。先搭春臺班，演出《審頭刺湯》、《機房訓》、《武家坡》等戲，因為不是門裡出身，頗受梨園排擠。後來，他託太監劉總管介紹，又拜了張勝奎為帶道師，加入了四喜班，這才算站住了腳根。

因為他的嗓門特別大，行腔比較簡單，尾聲近於吆喝，觀眾給他起了個外號「叫街」。劉景然得知也不以為然，反而說：「我叫了一街筒子人都來聽戲，有什麼不好！」因為他善於做、念，在承繼了張勝奎一派的前題下多有發展。他腹笥甚寬，最愛唱〔流水〕板。其獨到之作為《天雷報》，《審人頭》等戲。1920 年 9 月 18 日、19 日，他曾在張勳府裡的堂會上，兩天都演是劇，足證二劇之精彩。

晚年，他雖然已年老力衰，但也不肯離開舞臺。為了提攜後輩，他改唱裡子老生，甘心情願地為弟子們挎刀。據說他在八十歲時，還登臺演唱《三擊掌》，其中有一個「氣椅」的動作，不成想他竟真的背過氣去了，嚇得觀眾都跑上臺來搶救。

馬連良在坐科時曾拜他為師。他的兩個兒子劉盛通，劉盛道都子承父業，坐科富連成，都成了有作為的演員。

黃潤甫

黃潤甫（1845～1916），滿族人，在家中排行第三，世稱「黃三」。他原是翠峰庵票房的票友，唱架子花，小有名氣。後來，拜了四喜班的朱志學為師，技藝大增。下海後，搭三慶班演出。因為他做戲傳神，嗓音宏亮，被選入內廷，當了供奉。

黃潤甫在《打焦贊》中飾焦贊（右）朱文英飾楊排風劇照

他在《三國》戲中扮演曹操，能把曹操那種氣度非凡而又秉性奸詐多疑的特點，演得活靈活現，遂有「活曹操」的美譽。他扮演張飛、焦贊、牛皋等人物，學的是錢寶峰，扮演黃三太、鮑自安、李佩等角色，則取法慶春圃。他的唱與念，多用炸音、沙音。最大特點是能夠運用念白來表現不同人物的性格和感情變化。比如李逵性格豪爽，他念得就直率；焦贊性格詼諧，他念得就委婉。

此外，他還吸收當代人的生活形態，將其提煉入戲，創造性地刻畫出劉謹、金兀尢等一些類似於清廷貴族作派的典型人物。他的表演很重視造型美，如《陽平關》中曹操上山的步法，《戰宛城》中「馬踏青苗」的身段，節奏非常鮮明，造型極為漂亮優美。這些突出的創造，創立了架子花臉的第一個表演流派——「黃派」，為後人師法。

黃潤甫雖出身票友，卻非常講求字韻，變化雖然不多，但每句唱中運用頓挫搖曳時，總配合表情、身段、眼神，使之光耀生輝。他演的《桃花村》在北京風靡一時，大街小巷常聽到「真宋江，假宋江」的流行唱腔。

他的拿手戲有《戰宛城》、《陽平關》的曹操,《取洛陽》的馬武,《失街亭》的馬謖,《下河東》的歐陽方,《穆柯寨》的焦贊,《丁甲山》的李逵,《挑滑車》的牛皋,《八大錘》的兀朮,《李七長亭》的李七,《法門寺》的劉瑾,《連環套》的竇爾墩,《兒女英雄傳》的鄧九公等。直到今天,大多數後來者演這些戲,仍有黃派色彩。

黃潤甫的親傳弟子有董俊峰、侯喜瑞。而學黃又非黃門弟子就更多了,如郝壽臣,雖然不是黃三弟子,但藝事卻得到過黃的親授。

麻穆子

麻穆子(185?～1925),滿族,原名春山,曾在工部充當一個挑籠子的雜役。因收入微薄,曾偷偷地賣過私酒。他喜好京劇,有戲必聽,見票房就進,有清音桌必唱。因為嗓子好,非常響堂,在票界很有聲望。後來,他拜了孫菊仙為師,專工老生。但不久又迷上了花臉,唱起了架子花。下海以後,加入四喜班,以做派好,唱得好,被選入內廷供奉。

麻穆子演戲很像黃潤甫,有「假黃三」之稱。但他有個缺點,就是常在臺上走神,沒有準詞兒。據說,有一日演《回荊州》,麻穆子飾張飛,念白中有「俺大哥東吳招親,為何不叫咱老張知道?」麻穆子念成「為何不叫咱老張知大」。因為花臉張嘴音容易得好,所以,麻穆子把「道」字念成「大」字。內行都說他錯了,可觀眾不以為然,還給他叫好。有時候,他的嗓子不在家,在臺上荒腔走板,換了別人,一定叫倒好。可麻穆子走板,觀眾一面叫好一面樂,以為有趣味。內行說他唱戲全憑人緣好。

《梨園軼事》中載:有一次麻穆子到宮內給老佛爺唱《雙釘記》,這回是小心翼翼、老老實實地按本子唱,不敢有半句差錯。尤其那句「最毒莫過婦人心」,更是一字一頓,斬釘截鐵、清清楚楚。反而惹得慈禧太后大怒,當即傳旨將他拉下去,重重地打了八十大板。行里人嘲諷他說,回回出錯兒都沒事兒,這回沒錯兒,可就倒了大黴。

侯喜瑞是麻穆子的弟子,唱、做還留有幾分乃師的痕跡。如他演《回荊州》的張飛,念「俺大哥東吳招親,為何不叫咱老張知道?」一句,也念成「為何不叫咱老張知大」。侯先生笑著說:「這乃是老師的真傳!」

許蔭棠

許蔭棠（1852～1918），原名德善、字秋山，北京大興人。他出生於一個米商家庭，父親長於糧食的漕運，家資豐厚，米號遍及北京四九城。一家人常住大柵欄糧食店。因周遭戲館茶樓多，他自幼隨父看戲，對伶界十分熟悉。少年時期已學會了不少齣戲。加入翠峰庵票房不久，便成為票社的骨幹票友。

光緒七年（1881），他在大柵欄厚德福煙鋪拜了名淨穆鳳山為師，專學花臉。後來還從名丑毓鼎臣學過不少玩藝兒，演技大增。待認識到自己應該歸路時，又拜了老生賈立川、沈玉蓮為師，從此，承傳這二位先生的衣缽，成了專工老生的名票。

《黃鶴樓》許蔭棠（中）飾劉備

光緒八年（1882），經楊月樓、張玉貴介紹，許蔭棠與春臺班班主俞潤仙相識，二人交談甚篤。就此棄商下海，正式搭了春臺班唱戲。為此，與家族發生了很大的矛盾。但他矢志不移，先在戲班裏掛二排老生，為名伶挎刀，藉以熟悉舞臺、磨練自己。在慶和園同穆鳳山合演《取滎陽》，在慶樂園同劉永春、孫怡雲合演《二進宮》，一炮打響，頗受觀眾歡迎。此後升為主牌，開始主演壓軸戲。其後，又在廣德樓同德珺如、汪桂芬、賈立川等名角合演《四郎探母》等，圓滿成功，遂聲名雀起。

　　他對「奎派」素有研究，唱、念力求形似神似，每次演出都聲情並茂，光彩照人，時人對之有張二奎復生之譽。

　　他最擅演王帽戲《打金枝》，又如《取金陵》、《大登殿》等也很優秀。但時常搬演的能戲不多，時人稱其為「許八齣」，也就是說，他只有八齣看家戲。

　　他有兩個兒子，都是梨園界的後起之秀。長子全增，就是武淨許德義；次子許鈞增，在文場方面頗有造詣。

金秀山

　　金秀山（1855～1915），綽號金麻子，滿族人。自幼愛好京劇，加入翠峰庵票房，為花臉票友。因嗓了宏亮，氣大聲彰，響譽一時。後來，經票房主持德珺如介紹並為其舉香，拜了何桂山為師，在精忠廟掛了號，正式下海演戲。

《忠孝全》金秀山飾王振

　　先後搭了阜成班、長春和班、嵩祝成班、同春班和四喜班，以在同慶班和譚鑫培合作時間最久。後來被招入宮中演戲，成為清宮供奉。民國初年，散搭各班。他的戲路子是以「銅錘」為主，「架子花」為輔，多演袍帶花臉戲。

　　金秀山嗓音渾厚蒼勁，他的唱腔既有乃師何桂山的實大聲宏，又有穆鳳山的圓潤婉轉。還善用鼻音，尤以〔二六〕和〔流水〕見長。他演的老將軍，如戴白滿髯《草橋關》的銚期、《群英會》的黃蓋、《空城計》的司馬懿、《飛虎山》的李克用、《高平關》的高行周、《二進宮》的徐彥昭等人物，能於衰老中寓以英武，顯示出「虎老雄心在」、「老驥伏櫪志在千里」的威風。他的做工、表情身段，與他那宏大深厚而又蒼老的唱工風格是一致的。

因為他本人是滿族旗人，又常在宮廷演戲，對於有錢有勢的太監接觸甚多。所以，能把他們的聲容笑貌融入戲中，使人物更加生動有趣。例如他的拿手好戲《法門寺》和《忠孝全》，雖然飾演的都是太監，但是因人而異，各有不同。劉瑾，則以表現他驕倨傲慢為主，而演《忠孝全》的王振，卻是語帶蒼涼、無限感慨。

金秀山的唱腔上掩其師，下超同列，獨居一格。除卻他的兒子金少山承其父業、并發揚光大之外，他的弟子還有郎德山、訥紹先等人，也各有所長。此外，銅錘花臉還有郭厚齋、增長勝、安樂亭等人，均屬於老「金派」中的俊才。

汪笑儂

汪笑儂（1858～1918），滿族人，原名德克俊，字潤田，號仰天、孝儂。下海後，曾以「王清波」藝名演出，後改名汪笑儂。

他出身於北京的一個官宦人家，少時在家學讀書，十七歲應試，考入官學。二十歲中舉，任河南太康知縣。因秉性剛正，觸怒當地豪紳，被彈劾革職。從此，無官一身輕，便以研習戲曲為樂。參加了翠峰庵票房玩票，此間曾得孫菊仙、安靜之等人指點，技藝猛進。一日，票房應某堂會之邀演出《四進士》，臨場扮演宋士傑的演員因故未到，眾人推舉由他代演。他在沒有此戲的情況下，臨時鑽鍋，結果演得滴水不漏，不次於原排，因之大受讚譽。他的唱腔吐字清楚、新穎

《碰碑》汪笑儂飾楊繼業

有味，扮出戲中人物，儒雅大方，有書卷氣，時人譽之為「梨園儒伶」。

他歉虛好學，樂與伶界交際求教，藉以充實自己。有一次，他特意去拜訪當時名噪一時的京劇老生汪桂芬，汪的年紀比他要小五歲，竟遭到輕視和

拒絕。他當時十分尷尬，幾乎下不了臺。後來他自力奮發，勤學苦練，終於登上舞臺，並改名為「汪笑儂」，用以自勉。並在自己的寓所門前貼了一幅對聯，上聯寫「墨笑儒，韓笑佛，司馬笑道，儂為自笑也！」下聯寫「舜隱農，說隱工，膠鬲隱商，伶亦可隱乎？」將自己的名、號嵌入聯中，藉以憤世嫉俗。

汪笑儂的演唱聲情並茂，做功細緻逼真。能根據自己的嗓音特點，將汪桂芬、孫菊仙、譚鑫培、劉鴻升各派所長融為一體，創造出一系列獨特的唱腔，世稱「汪派」。

後來，他到上海丹桂茶園演出，成了一名職業演員。自編自演的時裝京劇《瓜種蘭因》在春仙茶園首演，即轟動一時。內容是借波蘭亡國之恨，寓中國近世變亂之恥。

汪笑儂一生創作、改編、整理京劇劇本多種，著名的有《黨人碑》、《桃花扇》、《風流天子》、《煤山恨》、《哭祖廟》、《馬前潑水》、《罵王朗》、《罵閻羅》、《罵毛延壽》等劇目，被譽為「梨園編劇第一能手」。他創作的劇目詞句典雅，情文並茂，具有較強的文學性，不少針貶時事之作，在臺上為民眾傾吐塊壘，成為觀眾喜聞樂見的劇目。

他不僅老生造詣高，其紅淨戲和老旦戲也有獨到之處。還精通崑曲、徽劇、漢調、粵調等，被梨園界尊稱為「伶聖」。1913年，為直隸提學史蔡儒楷禮聘為直隸戲曲移俗改良社社長兼講師。他編寫的《戲曲教科書》在天津《教育報》上發表，明確提出：

> 戲雖小道，古之所謂高臺教化，即今社會教育也！感人最易。然以詞句為本。不能達詞句中之義，不能傳詞句中之情，不能得詞句中之情，則不足以感人。唱必字正腔圓，做工必合其人之身份，神氣必合其事之形容，腔調必合其人之語氣。按五音，傳其情，設身處地，方足以動人聽聞。若腔過多，但求悅耳，使聽者腦筋中，無領會詞句之餘地，是一大弊害也。笑儂研究如是，以身作則，請自隗始。

次年，他又創辦了改良戲曲學堂，招收學員，培養梨園新苗。汪笑儂還熱心梨園公益事業，組織「窩窩頭」義演，周濟貧苦同行，曾贏有「愛國伶聖」之稱，但晚年卻潦倒以終。

汪笑儂親傳弟子有佟遇成，私淑者有石月明、恩曉峰、金桂香、豔桂影、何玉蓉、王洪福等。但「汪派」的唱腔有突兀不順之嫌，故流傳不多，近代似

已斷絕。唯「文革」以後，年已七旬的何玉蓉登臺演出了「汪派」名劇《哭祖廟》，方始觀眾得識「汪派」的精彩。

龔雲甫

龔雲甫（1862～1932），名瑗，一說名世祥，北京人。出身於末落的滿族貴族之家，出生時家境已然敗落。出於生計，他在玉器行當了一名工人（有的說他是玉器行的老闆）。因為愛好京劇，開始在南宮園華蘭習韻票房學唱老生。後來，拜了劉桂慶為師，演技日增。尤其嗓音敞亮聲宏，高可入行雲，低可探沉泉；壯可震瓦瓴，細可勝游絲。頗受聽者歡迎，遂名聲大振。

二十多歲後，他辭工下海，搭入鴻奎班，當裏子老生。後來孫菊仙先生認為他很有前途，提攜進入四喜班，師從熊連喜改唱老旦。在演出實踐中，他的唱腔新穎，做功細膩，講究人物，富於創造，受到內外行的認同。一曲《釣金龜》，高低起伏，聲如流水行雲，而且情致感人，催人落淚，令人百聽不厭，盪氣迴腸。唱、念講究音韻，嗓音也清脆蒼勁，悠揚婉轉，起落有序，行成獨特的「龔派」藝術。

《太君辭朝》龔雲甫飾佘太君

1900 年已在劇壇成名。他曾在楊小樓的《冀州城》後演大軸戲《行路訓子》，確保觀眾不起堂，聽到底，這是他獨創的先例。能以老旦唱大軸，過去從未有過。

龔雲甫富「腦後音」，能唱出清蒼的韻味是很難的。老旦必須有「雌」音，同時還要有老年婦女顫巍巍的「衰音」。「雌音」與「衰音」相互結合，才能在

舞臺上很好的塑造各種不同的老年婦女形象。龔雲甫吸收了青衣花腔，大膽地把老生腔與青衣腔揉和起來，豐富了原有的老旦唱腔，並有了自己的發展。既以「清蒼」破除貧厭，又以「沙顫」顯示淒涼，花而不俗，特別動人。

　　老旦的代表劇目《釣金龜》、《行路訓子》、《徐母罵曹》、《斷太后》、《打龍袍》等，這些都是他經常上演的拿手戲。而且自他開始，老旦成為一個獨立的行當，改變了郝蘭田、譚志道時期老旦兼演老生和丑的規定，使老旦的唱腔、念白和身段逐漸規範化，具有獨特的風格。宗其藝者有趙靜塵（臥雲居士）、文亮臣、李多奎等。

雙闊亭

　　雙闊亭（186？～1918），一作克庭，人稱「雙處」，北京旗人，是清朝末年的梨園三怪之一。據說，他原不是清宮的堂禮生，在舉行清宮祭祀儀式時負責禮讚。所以，他從小練就了一副寬厚宏亮的好嗓子。他又特別好唱京戲，常到票房票戲，工老生，學孫菊仙、張二奎很有名氣，能戲很多。下海以後，搭班在北京演出，享譽一時。彼時，票友下海後都改用真名或藝名，不再稱呼「某處」了。只有他一直保留著票友時登臺唱戲的稱號。

　　譚派唱腔在北京流行以後，雙處等人的傳統唱法就逐漸失去了優勢。於是，他南下上海演戲。據說，他的晚景不佳，年逾古稀，雙目失明，但因生活所迫，還不得不在新世界的大京班中演唱，以維持生計。儘管如此，乃有不少觀眾對他的能戲之多十分欣賞。

現存雙闊亭演戲的唯一劇照影像

他的嗓音到老不衰，且寬廣醇厚。當時的唱片公司錄製了他的許多唱段。擅長的《逍遙津》、《雪杯圓》、《浣紗記》、《魚腸劍》等戲，都是孫菊仙的路數。而《打金枝》、《金水橋》一類王帽戲，則是張二奎派的風範。

慶春圃

慶春圃（186？～不詳），因排行居四，人稱慶四爺，俗稱慶四。係光緒年間的旗籍宗室。因祖上戰功卓著，皇封世襲官職。待傳到他的時候，因為嗜戲成癖，不戀仕途，自己竟然上了一道摺子辭官不做，自願居家賦閒，一心研究戲劇了。憑著自己的家私，他終日與伶人往來，呼師喚友，收益極大。

慶春圃工花臉，且有一條好嗓子，做工、身上也十分講究。深得內、外行的稱讚，在票界頗有地位。當時他的聲望傳之遐邇，名動公卿。

下海後曾搭春臺、四喜班。因銅錘、架子、武淨皆能，尤擅短打，與黃潤甫並稱「黃三慶四」。

慶春圃（左一）在「二進宮」劇中飾徐延昭

雪庵在《內廷傳戲瑣聞》中記有「《下河東》慶四無妄之災」這樣一段趣事。寫道：「在光緒十數年間，某日傳差，下旨命演《下河東》一劇，所有角色皆為上選。以慶四飾歐陽方，飾呼延壽廷者為某硬裏子老生。慶四為內務府旗人，斯時凡旗人終日無事而食錢糧，時常奔走於各王公府走票演戲，故慶四演劇之經驗多矣，工架子花面，做派逼真，嗓音也甚寬洪，尤以《下河東》之歐陽方為最佳，後搭入四喜班中出演，頗博得好評。

再論《下河東》之劇情，歐陽方乃是一名奸詐毒狠之人，殺死忠良呼延壽廷後欲弒其君，其可謂罪大惡極。此劇為架子花面重頭戲，武工須有根底，做派必須穩重利落。假若使此劇演到精彩處，必須將歐陽方毒狠之心及卑劣之行完全顯露，能使臺下觀眾莫不起痛恨之心，方是演劇之獨到處也。斯時慶四在內廷演時，做派尤為細膩，當時演到呼延壽廷被歐殺死後，太后滿面怒容，深恨歐陽方之無禮與毒狠，誣殺忠良並欲弒其君，實萬惡也，立命太監傳旨，將歐陽方扯下重責四十板。眾太監無不驚慌於色，雖知慶四冤枉而又不敢遺命，只得將慶四拉下臺來，打過四十板，

俟劇演畢，眾太監轉向太后面前為慶四鳴冤，遂跪奏曰：『方才所演《下河東》之歐陽方乃是慶四，並非真是歐陽方，請太后息怒，因其演劇之逼真，故招您大怒。』太后聞之大笑，後傳召見慶四問話，當即獎賞紋銀四十兩，慶四叩謝而退，後人傳為佳話。」

郎德山

郎德山（1867～1917），本名及出身不詳，回族，是同光年間北京的著名票友。工花臉，曾拜金秀山為師，技藝頗精。二十多歲下海，曾搭四喜、春臺、天福、寶勝和等班演出，名聲益著，被選入內廷供奉。

舊文獻中，對他的記述不多。《清宮昇平署檔案》中有關他演出的記錄，光緒二十六年三月廿八日，隨四喜班進宮，「外串代燈」。還有，光緒三十四年（戊申）八月初十日「南海傳差」二則。百代公司曾為他錄有四片唱片，既《天水關》之姜維；《探陰山》之包拯；《白良關》之尉遲恭；《穆柯寨》之焦贊。是今日研究郎德山的寶貴資料。

江紫宸

江紫宸（1868～不詳），餘杭鎮人，出身世家子弟，人稱江四爺。清末任兩江總督端方的「文巡捕」。民國後，在上海經營古董生意，因喜詩詞文墨，

常以文會友名義在孟德路設詩鐘賭賽，陳三立、鄭孝胥、夏敬觀、陳散原等人是「詩鐘博戲」的常客。

時風所致，江紫宸喜好京劇，工青衣旦角，特向名師學習，能戲很多，時常票演，是上海有名的票友。在朋友的慫掇下，一度拜師下海。但真的唱起業務戲來，可就毛病百出了。被內行一擠兌，不到一年就自動返回岸上來了。

不過，因為他的家資雄厚，臂巨羽豐，在伶、票兩界依然很有影響。當年滬上有兩處著名的大堂會，一個是晚清遺老、湖廣總督陳夔龍家的堂會；一處是法租界會審公堂的中方審判長聶榕卿家的「菊花會」，都是年年必將滬上最佳演員邀齊唱戲的所在。邀誰不邀誰，派什麼戲碼，誰演什麼活兒，都由「戲提調」說了算。而這兩處的「戲提調」正是江紫宸，他的名氣和地位是可想而知的。高興時，他也以票友的名義登場演出，傍他的都是一等一的好角兒。

不過，他的兩個兒子比他可就更有出息了。一個是江萬平，是上海著名的會計師，在金融界可以呼風喚雨；另一個是江一平，是上海著名的大律師，財閥虞洽卿的女婿。這兩個兒子也是京劇名票，在臺上的活兒也比他們的父親強多了，內、外行都很佩服。

安敬之

安敬之（187？～不詳），單字名壽，字敬之，旗人宗室，為同治年間名票，也是票首載雁賓的至友。同時，也是翠峰庵票房早期主持人之一。

安敬之自幼練功，家中請有京劇教習，工刀馬旦，能戲甚多。且嫻熟刀槍把子，身手麻利矯健。他最拿手的戲是《銀空山》，飾演代戰公主時稱一絕。安敬之係滿族旗人，他所演代戰公主的扮相與眾不同。身著旗袍、足蹬花盆底鞋、頭梳兩把頭，出場亮相必獲滿堂彩聲。他的武打乾淨利落、脆、帥、邊式，不少內行都甘心情願地拜其門下，求其指點。

後來，他在「和聲園」的彩唱中，不慎閃了腰，遂改唱老生戲。《南天門》、《九更天》等衰派老生戲，演來亦十分應手。

早年，馬連良先生之父馬西園在阜成門外檀家道經營一間大茶館，不少伶人和京劇愛好者，如劉鴻聲、金秀山、德君如、郎德山等，經常聚會於此調嗓、說戲和清唱。安敬之也常到此聚會以戲會友。他改唱老生之後，唱腔和

做派對幼年的馬連良影響很大。馬連良在未入富連成之前，安敬之喜他聰穎，就教他不少戲。馬連良在成名之後，每每談及《南天門》一劇，常說劇中的蹉步、搶背等動作，均受益於安老先生的指導。

早年和聲票界同進社演出的戲單

劉鴻聲

　　劉鴻聲（1875～1921），原名鴻升，字子余，號澤濱、澤寶，北京順義縣人。生於普通的平民之家。青少年時期，在前門大柵欄一間刀剪鋪當學徒。因為愛唱戲，時常跑到翠峰庵票房和塔院票房玩票。他聰明好學，不少票友都主動教他。他悟性亦高，一學就會。先習花臉，因為嗓音響亮、清脆、行腔挺拔、剛勁流利，多用京字京音，深受穆鳳山賞識，給他很多鼓勵。

　　1895 年，他衝破了家庭阻撓，下海成為職業演員，先後搭同春、四喜班，為譚鑫培、孫菊仙當配角。後來改搭玉成班，主演《八本鍘判官》，聲名鵲起。

　　1909 年，他赴滬演出，為拓寬戲路改演老生。在長期的舞臺實踐中，逐步形成自己的藝術風格，世稱「劉派」。擅演的劇目為「三斬一碰」，即《轅門斬子》、《斬馬謖》、《斬黃袍》和《碰碑》四劇。

劉鴻聲唱腔體系的形成晚於「後三傑」（既孫菊仙、譚鑫培、汪桂芬各派），在民國初年才大為流行。是他根據自己的嗓音條件，以張二奎的唱腔為基礎，吸收譚、汪各派的唱法，發展融滙而成的。他的特點是嗓音極高，音質純淨，具備腦後音、虎音、炸音，並有難得的水音。喜用「樓上樓」的行腔方式，逢高必拔，拔必到頂，能適應各種板式的演唱，以〔西皮〕最為見長。如《斬黃袍》中「孤王酒醉桃花宮」和《轅門斬子》中「見老娘是一禮躬身下拜」，在當時，連人力車夫都能喊上兩句，足證影響之大。

另外，他在演唱中喜歡用大量的唱詞，如《上天台》中的「一百單八句」和《逍遙津》中得數十個「欺寡人」等，都是絕倫絕美的創造。他的

《碰碑》劉鴻聲飾楊繼業

演唱風格，對後來的老生流派有極大的影響。但他的演唱對演員的嗓音條件要求極高，學劉者雖眾，但傳人不多，其中最有成就的唯有高慶奎和李和曾。

辛亥革命後，他返回京師，在廣和樓組建鴻慶班，自任主演。並曾繼譚鑫培之後，擔任北京正樂育化會會長。

文亮臣

文亮臣（1878～1938），滿族人，據說他曾一度出家，成為居士。文亮臣因好皮簧，少年廢學，常以票友身份到處演唱。20歲以後拜師羅福山，這才轉為專業演員。最初搭祥慶和班，與不少名角配戲。

文亮臣的演唱具備羅派和龔派的特點，嗓音剛柔相濟，纏綿蘊籍，情感真切，沉著清遠。他的另一創造，是在老旦行角色的化妝方面做出很大突破。根據劇情和人物變化，不侷限於一概清水臉。如《硃痕記》裏的朱母勾臉，

《賺文娟》的老尼光頭,《碧玉簪》裏的趙母是剃了眉毛。他除一般老旦劇目如《釣金龜》、《母女會》、《四郎探母》均能演出外,在《寧武關》中飾演趙氏一角,以表情逼真而聞名一時。

《碧玉簪》中吳富琴飾小蕙、程硯秋飾張玉貞、文亮臣飾趙母

文亮臣為人忠厚敬業,與人無爭,得到程硯秋的青睞,納入班中配戲最久,倚之為膀臂。為程先生配演《鴛鴦冢》、《賺文娟》、《六月雪》、《碧玉簪》、《柳迎春》、《朱痕記》等,非常稱職。後來,在中華戲曲專科學校擔任老旦教師。

文亮臣的弟子有王玉敏、李金泉。所留音響資料不多,僅有《朱痕記·牧羊山》等數幀。

郭仲衡

郭仲衡（1880～1932），名權，號仲衡，別名善有增。蒙族貴族，出身於北京中醫世家。自幼在父親的指導下鑽研醫道，二十歲已能獨自應診，且小有名氣。他自幼喜歡京劇，私淑「汪派」（汪桂芬）老生，在行醫過程中，與名伶賈洪林、王鳳卿等人相交甚篤。暇時研習京劇，深得個中三昧。他參加「春陽友會」票房之後技藝大進，經常粉墨登場，票戲演出。他的嗓音高亮雄勁，有汪派「腦後音」，學來十分神似。

郭仲衡（右）與程硯秋合演的《紅拂傳》

後來，他又將譚派、余派的行腔吐字，融於汪派的唱腔之中，形成了一種清新細賦的唱法，別有特色。這些優點，得到內外行的一致認可。1918 年，他在朋友們的支持下，棄醫下海，成為一名專職老生演員。

他曾與董俊峰合演《斷密澗》，與程硯秋合作《紅拂傳》，都是享譽一時的上乘之作。他與松介眉合作的《雪杯圓》、與尚小雲合作的《御碑亭》、《四郎探母》，以及他個人主演的《敲骨求金》、《文昭關》、《美人計》，均被高亭公司、物克多公司錄製為唱片在全國發行。

他最擅長演王帽戲，扮出來端莊大方，有一種難得的富貴氣。代表劇目有《完璧歸趙》、《文昭關》、《讓成都》、《戰長沙》、《白馬坡》等等。

1931 年，他隨王瑤卿、侯喜瑞、九陣風、芙蓉草、程玉菁等一起赴天津，在新新戲院連演一至十二本《雁門關》非常轟動，觀眾滿坑滿谷，實為一時之盛。但他身體不好，四十三歲偶染風寒，竟然一病不起，病故於協和醫院。時值盛年，才華未得盡展便匆匆離世，時人均為之扼腕歎息。

傅小山

傅小山（1880～1934），滿族，名恒泰，字小山。其父傅春圃是禮親王府的一名管家。小山自幼喜愛拳棒，參加了北京的社火「香會」組織，從師專門演練「五虎棍」。所以他的身體靈活，腰腿輕捷。

長成之後，拜了名伶許福雄為師，學習武丑。「下海」之後，搭義順和班，與武生演員周瑞安合作演出，並長期搭楊小樓班，輔佐楊小樓演出。因演技非凡，於光緒三十年（1904 年）選入內廷供奉。

在同光年間，丑角行當本來是文武兼演的。因為演出要求越來越高，分工也就越來越細，漸漸地分成了文丑、武丑兩類行當，這才有了專職的武丑演員。王長林和傅小山是武丑中的佼佼者。楊小樓班中因有王長林在前，小山只能演二路角色，及至王長林故世，楊小樓的新戲《鬧花燈》、《野豬林》、《山神廟》等戲的排練中，頭路武丑角色始由傅小山擔當。

傅小山演的武丑戲，有許多讓人望而生畏的跌撲特技。例如《野豬林》，他飾演丑解差，能在林沖甩動的甩髮中，抄一個「撲虎」，兔起鶻落，利落漂亮。在《趙家樓》劇中，他的「攀欄杆」特技表演更是精彩。能在杆上做出許多特技動作後，還來一個「掛蠟」亮相，身子倒掛好幾分鐘，十分驚險。

在他的影響下，後世的武丑、武生都有「攀欄杆」的技巧表演。凡演短打武戲，如《四傑村》、《花蝴蝶》、《盜甲》等，都要「攀欄杆」，技巧越驚險越受歡迎。以至於凡大劇場的舞臺上都弔起了鐵槓子。不能「攀欄杆」的，就成了不入流的武功演員了。清末的上海還出現了不少女武生，她們演這類戲

也「攀欄杆」，甚至於還搞「飛欄杆」。有的演員一時不慎，從欄杆上掉了下，被跌得昏死過去，以致成為重殘。政府不得不出面予以干涉，明令去銷了這種危險表演。傅小山的弟子不多，據說，馬富祿是他的弟子，但在武丑方面所學無幾。

《連環套》傅小山飾朱光祖

王又宸

王又宸（1883～1938），名國棟，字癡公，號幼臣，時人稱其為「王三爺」。原籍山東掖縣，其父王寶臣是清朝的工部小吏，在北京做官，負責宮廷內部工程核算事宜，但是英年早逝。王又宸幼年讀書十分用功，學識甚佳。長成後，經過會考，在陸軍督練處任職，被擢升為候補知縣，住在北京永光寺西街。閑暇之時，常到票房消遣。因受時風影響，他自小喜好皮簧，工老生。猶喜譚腔，唱起來韻味絕佳，在票界頗受好評。時常受邀到各處堂會、茶園票演。

他曾向名伶李壽山學戲，受益極多。拿手戲《別母亂箭》，即得李壽山親傳。其間他廣收博採，還向劉景然、王榮山等名家請教，諸如《法門寺》、《珠簾寨》、《南陽關》等戲，即為王榮山所授。有一次譚鑫培前去看他的演出，對其極為稱讚，收他為弟子，給予精心指導，演技得以迅速提高，從此聲譽更佳。

《清風亭》王又宸飾張元秀

1911 年，在同好的鼓勵下，他棄官從藝，加入班社，轉演於北京、天津、上海各地。次年，應上海聞人黃楚九之聘，赴新新舞臺演出，一炮而紅。此後，他以鴻慶班頭牌老生的名義演出於天津，也十分成功。此間他曾與尚小雲合演《汾河灣》、與荀慧生合演《烏龍院》等劇，極受觀眾歡迎。

王又宸的嗓音清亮寬厚，唱腔圓潤韻美，極有譚派風采。唯獨他的表情稍遜，做工不及，是一大遺憾。擅演劇目有《打魚殺家》、《南陽關》、《天雷報》、《打棍出箱》、《烏盆記》、《失街亭》、《李陵碑》、《洪羊洞》、《連營寨》、《諸葛亮招親》等。張伯駒也曾說他：「為譚鑫培婿，以演《南天門》著名，嗓音甚甜，但唱法少精彩，身段武工皆不見長，」詩曰：

　　　紛紛大雪走南天，飄蕩神魂見八仙。

　　　唱法平常身段少，乘龍雖是豈真傳？

但他唱的好是無可非議的，不少唱段由高亭、百代等唱片公司灌製了唱片，暢銷南北。

王又宸在滬演出多年，在上海灘大紅大紫。其妻奚氏因為患病不治而亡。譚鑫培遂將自己的小女翠珍許配與他為妻，可見，譚老闆對又宸多麼器重。譚鑫培為供奉時，曾帶翠珍進過皇宮，得到慈禧的厚愛。又宸與翠珍結婚時，慈禧太后還贈賜一個平底寬邊的銅盆作為妝奩，銅盆邊沿上面刻有「慈禧端

祐康頤昭豫莊誠壽恭欽憲熙皇太后上賞譚鑫培之女嫁妝銅盆」。可惜此物毀於「文革」，被當作廢銅賣給收破爛的了。

王又宸在舞臺享譽二十年之久，自從余叔岩、馬連良崛起以後，他才從頭牌退下，給梅蘭芳、尚小雲配演二牌老生。五十歲以後，他不堪寂寞，自己又組織了「群慶社」，重挑大樑。除了演出譚門本戲外，還排演了《北宋國難記》等新戲。前後與其合作者有芙蓉草、姜妙香、王泉奎、文亮臣、茹富蕙，以及尚在年輕的袁世海、陳盛蓀、楊盛春、貫盛習等。

1938年春節，王又宸應中國大戲院孟少臣之邀，赴天津演出，同去的有侯喜瑞、張君秋、還有他的兒子王士英。從大年初一到正月十六，其中有九天為日夜兩場，可容一千八百多人的劇場幾乎天天客滿。孟少臣根據觀眾要求，再煩王又宸加演一場作為臨別紀念。他為了不辜負天津觀眾的厚愛，於正月十八又貼演《四郎探母》，是日演出盛況空前，電臺直播，萬人空巷。王又宸一心投入演出，極為賣力，臺下彩聲不斷。也可能是他傾心過度，返京後，便臥床不起，於正月二十四凌晨辭世而去，享年55歲。

貴俊卿

貴俊卿（1884～1939），北京人，世家子弟出身，祖上為官，自幼受到中西文化教育，畢業於清廷為開辦外交活動經辦的貴族學校同文館。他本人會俄、英、德等多種外語。因時風影響，嗜喜京劇，還聘請了名伶教習，研習老生，係「譚（鑫培）派」傳人。

光緒三十年（1904），加入北池子「遙吟俯暢」票房。與名票陳子芳、魏曜亭、喬藎臣、王雨田等人同為該票房票友。貴俊卿的技藝精良，名揚一時，他演戲有「百看不厭」之譽。民國初年，毅然下海。曾和名伶陳祥雲（小喜祿）搭檔，二人合演《烏龍院》、《桑園會》等珠聯璧合，頗有影響。

貴俊卿小照

他們的演出，連不怎麼愛看傳統老戲青年胡適對他都產生了興趣。彼時胡適正在學習英語，他看過貴俊卿的戲後，對貴俊卿多有敬意。《胡適日記》中有不少這樣的記載：「是夜，有貴俊卿、小喜祿之《汾河灣》，神情絕佳。」「貴俊卿、小喜祿之《朱砂痣》皆佳。」「貴俊卿之《空城計》最佳。其城樓一節，飄灑風流，吾昔觀劉鴻升唱此戲，輒歎為飄飄欲仙，今貴卿之豐神乃駕劉而上之，惟聲稍低耳。」

在1908年至1915年期間，百代公司為他灌製了多種唱片，如《瓊林宴》、《取南郡》、《戲鳳》、《託兆碰碑》等，也是研究譚派聲腔藝術的瑰寶。

金仲仁

金仲仁（1886～1950），清代皇族，本名愛新覺羅·春元，為禮烈親王的後裔。祖父阿昌阿官拜奉恩將軍。春元出生時，其祖即已謝世，但他還是襲承了奉恩將軍的爵位。被送進貴胄的法政學堂進行深造。學習滿漢文學、皇族禮法、軍事法政等。在此期間，正趕上「戊戌變法」，對他影響極大，認識到清廷的腐敗無能，更加厭煩了死氣沉沉的皇族生活。

他愛好京戲，工文武小生，初從張小山學《九龍山》，又從茹萊卿、姚增祿學《石秀探莊》、《雅觀樓》，從曹心泉學《奇雙會》等戲。經常出入於東交民巷南御河橋肅王府票房和翠峰庵票房。在此結識了德珺如，並在他的影響下，衝破重重阻礙，拋棄了

金仲仁之劇照

奉恩將軍的爵位，捨掉了顯貴的皇族生活，十七歲正式下海，投身於京劇事業，更名為金仲仁。為提高技藝，拜在德珺如門下深造。

早在 15 歲時，他與王瑤卿結識，交誼甚厚，經常一起切磋技藝，合作演出。使他的藝術達到了爐火純青的境界。《珍珠烈火旗》、《十三妹》、《得意緣》、《雁門關》等戲，均為他二人合作的成功之作。

金仲仁精通音律，極其講究四聲，他的唱腔字正腔圓、大小嗓巧妙地結合運用，噴口有力，毫無脂粉氣。特別強調小生絕不能唱出旦角腔，唱腔要從人物身份、性格、劇中環境、彼此情感等因素來設計。這樣，才能唱出人物和感情來。他的念白則學王楞仙，尤其京白，京聲京味，有力傳神，極為受聽。他的做工表演細膩，善於刻畫人物，不論何戲，自始至終、處處有戲。尤其《玉堂春》王金龍的狂笑、羞笑、訕笑、怒笑和尷尬笑，以及驚堂木的先拍、後拍、同拍和舉而不拍，都是他的發明，把王金龍的複雜心情刻畫得淋漓盡至，成為後學者效法的寶典。

他雖為票友下海，況又出身於養尊處優的皇室貴族，但他用功極為刻苦，常與許德義、榮蝶仙等一起練習武功，因此技術相當出色。他演《雄州關》的韓彥直，能手執雙錘走「高弔搶背」，不僅速度快而且層次分明，長線尾子還紋絲不亂，沒有深厚功底是難以勝任的。

金仲仁常年輔佐荀慧生，合作長達二十餘年，二人珠聯璧合、相得益彰，共同創編新戲三十餘齣。如《香羅帶》飾陳世科、《紅樓二尤》飾柳湘蓮、《紅娘》飾張琪等。荀慧生說：「好花還得綠葉扶，我尤得金、馬、張、趙輔弼出色不少。」彼時，金仲仁與馬富祿、張春彥、趙桐珊被譽為「留香社」的四大金剛」。早年，他曾任長安戲院經理，五十年代任教於中國戲曲學校。弟子有高維廉、高維儒、董維賢、王維筠、蘇維明、周維俊、關維芳等。

王雲亭

王雲亭（188？～不詳），北京著名琴票，據《梨園百年瑣記》記載，他曾在北京地安門外鼓樓前辛寺廟內組織票房。拜梅雨田為師以後，正式下海。搭四喜班，為孫菊仙、金秀山、德珺如等人伴奏。當年，他與梅雨田、孫佐臣、陸彥庭並稱「四大名琴」，同為清宮「內廷供奉」。

言菊朋

言菊朋（1890～1942），蒙古正藍旗人，姓瑪拉特，名延壽，字錫其，號仰山。民國以後，易姓為言。因嗜好戲曲，自詡為梨園之友，故改名言菊朋。

言菊朋之高祖松筠係嘉道年間的名臣，曾任武英殿大學士兼軍機大臣。曾祖熙昌官居工、刑兩部侍郎。祖父任職粵海。父親曾被推舉孝廉。他幼年就學於陸軍貴冑學堂，滿業後，在清廷理藩院（民國後改為蒙藏院）任職。是時正值京劇興盛、如日中天之際，言菊朋對此如魚得水，聽京劇，泡劇場，跑票房，交接梨園朋友，請益藝事，終日樂此不疲。年長，便成了「春陽友會」票房中的一員，時常登臺彩唱。

最初，他曾拜名票紅豆館主和陳彥衡為師，學習譚派，同時向錢金福、王長林學習老生身段和武功。在朋友的引見下，還得到過楊小樓、王瑤卿的指導，技藝不同凡響。學得譚鑫培的名劇《戰太平》、《四郎探母》、《桑園寄子》、《捉放曹》、《南天門》等，神形並似，維妙維俏，深受內、外行

《打魚殺家》言菊朋飾蕭恩言慧珠飾蕭桂英

的好評。當時的報刊譽之為「譚派名票」。

1923年，他以票友身份請假，隨梅蘭芳赴滬演出。除了與梅合演《探母》、《汾河灣》之外，還由陳彥衡操琴，自己單獨主演了《戰太平》、《罵曹》、《賣馬》、《定軍山》等譚派戲，取得很好的成績，滬上報紙好評如潮。但是，他興致衝衝地回京之後，就遭到蒙藏院的斥責，並以「請假唱戲不成體統」的罪名，將他革職除名。這一不幸，正好促成了言菊朋正式下海的決心。使他在三十三歲時進入梨園，成了名正言順的京劇演員。

下海以後，言菊朋有感於自己的先天不足，研習京劇更加刻苦，每天日出而練，日落而息，拳不離手、曲不離口，終日埋頭在戲劇裏邊，癡迷之狀，常使家人大駭，恐其走火入魔。有道是「寶劍鋒從磨礪出，梅花香自苦寒來」，皇天不負苦心人，技藝益進，不少名角都爭著與之合作。1925年，他與王幼

卿組班南下上海，合作演出了《汾河灣》、《武家坡》、《回龍閣》等劇；同年又搭雙慶社，與尚小雲合演了《汾河灣》、《林四娘》；與王長林合演了《瓊林宴》等戲，都是以掛雙頭牌的形式出現於觀眾面前。由此，確立了他在戲曲界的地位。

他先後與王幼卿、孫毓堃聯合組成了又興社，與徐碧雲合組雲慶社，彼此烘雲托月，相得益彰，聲勢益振。言菊朋雖然是票友出身，因為有著良好的文化修養，對戲曲有深入的研究，不僅在唱念上下過苦功，而且頗能領會譚劇的神態，有很長一段時間，獨執「譚派」牛耳。百代、高亭等唱片公司先後為他錄製了十多張唱片，皆冠以「正宗譚派」鬚生之名，暢銷大江南北。

二十年代末期，年近四十歲的言菊朋根據自己的嗓音變化，開始改弦易幟，在譚派的基礎上，加入精巧細膩、跌宕婉約的風格，創造出一種在樸拙中見華麗的「言派」風格。他能夠根據語音和聲樂科學的道理，正確地處理字、聲、腔的關係，強調「腔由字而生，字正而腔圓」。強調「字清而不飄不倒，聲音清潤響亮而不焦不暴，腔高蒼勁、圓柔富於變化，不但在於娓娓動聽，而且在於表現複雜細膩的感情」。由此得到廣大觀眾的首肯，自成一家。

他的代表作《臥龍弔孝》、《讓徐州》、《上天台》、《白蟒臺》、《法場換子》、《賀后罵殿》等劇，一時熱遍全國。

言菊朋生性耿直，為人忠厚，潛心藝事，但不善於處理梨園界微妙的人際關係，又不屈從勢力，因此他晚境不佳，終日抑鬱。他正式收了兩位高徒，一位是宋湛清，另一位是李家載。傳人則有張少樓、畢英琦、劉勉宗等人。

振紹棠

振紹棠（189？～不詳），係北京名票，工「譚派」老生。他的家道殷實，又好唱戲，於民國三年（1914年）在地安門內慈慧殿成立了「南月牙」票房，自任票首。參加活動的多是「果子觀」票房的票友。

該票房每月分期排演，戲碼也很硬整，走票演出十分精彩，在北京聲譽絕佳。後來，由於振家財竭力衰，無力維繫，遂於民國九年（1920）解散。其同仁又在交道口前圓恩寺內另立票房，每月舊曆逢五、逢十排演，但沒有維持多久，也自行解散了。

沈華軒

沈華軒（189？～不詳），華軒為字，其名不詳。北京人，家道殷實。父輩為官，他則為某府書吏。其人嗜戲如命，最初學旦角，因其亦愛武術，愛演武生戲，遂專工武生。家中備有練功房，聘請專門武功教練督導，日日練功不綴。公餘時間幾乎全部用來票戲。拜的老師是專傍楊小樓的丁永利。他長得又高又大，身量魁梧，時人送其外號「沈大個兒」。

有這樣好身材，學藝又刻苦，加上他有文化，能揣摩人物性格，所以他演的黃天霸、趙雲、金錢豹、關老爺等人物自有深度，與一般伶人不同。在伶、票兩界頗有人望，成為一時名票。

《挑滑車》沈華軒飾高寵

辛亥革命成功，清室遜位，沈華軒丟了差事。於是，他變賣家私，置辦行頭，組班下海，做了專業演員。他專演楊派武生戲，如《長阪坡》、《豔陽樓》、《金錢豹》等均極稱手。他學楊學得很是地道，武戲文唱，頗有光彩。偶而也唱上一兩齣旦角戲，也十分精緻討好。因此，他的班社在業務上很有號召力，集結了不少人材。

1922年前後，王鴻壽、馬連良等名伶都曾在他的社裏搭班演出。當時唱得最紅火的一齣戲是《三國志》，王鴻壽飾關公，馬連良飾魯肅，朱素雲飾周瑜，沈華軒飾趙雲，每一貼演，萬人空巷。他飾的趙雲，人高技精，虎虎有生氣，非常受觀眾歡迎。

一個業餘演員，學生、學旦，最後享名成角兒，在劇壇上能有一號，是件很不簡單的事情。有一次，梅蘭芳應邀去香港演出《霸王別姬》，楊小樓因病未能同往，便由沈華軒代演霸王。沈華軒的崑曲底子深厚，他所演的霸王，與楊小樓的路子不同，是按崑曲《千金記》的演法，很有獨到之處。

李佩卿

李佩卿（1897～1931），著名琴票。字玉森，曾隨母姓名吳長順。原籍山西省，生於天津。十歲時，曾寄住姜妙香先生家中習青衣。後來，因為倒倉被領回家中，改行不做演員了。後經天津鄉親介紹，投奔李氏大戶府中的票房，為票友「說戲」糊口。暇時，在北門裏老票房「雅韻國風」社內練習拉京胡。

李佩卿小照

李佩卿的胡琴師從笛子大家方秉忠，他有獨特的「音樂天賦」，左右手基本功均匀，手音飽滿嘹亮，工尺乾淨大方，託墊極有章法。為王君直、竇硯峰、劉子璞、孫朗臣等名票重視，競相邀其操琴。在前輩名家的指點下，加之李佩卿刻苦實踐，十分「釘活」。「雅韻國風」票社囑其擔任首席琴師，專為王君直伴奏。在老生「勁頭」、「氣口」的託墊方面，獨有所長。

1918 年，余叔岩的到天津鼓樓茶園演出結束，要回京組班，但無滿意琴師輔佐，曾煩王君直幫助物色，王君直大力推薦李佩卿。余叔岩與李佩卿初次見面，只寒暄了幾句，就調弦弔嗓一試。一曲唱罷，余叔岩感到很舒服，遂與其定交一起回京，住入余府，暫不露面於戲界。經余叔岩日夜指教示範，李佩卿很快掌握了余腔要領。又經多方周折，在京取得「梨園公會」的認可，才開始正式登臺操琴為余伴奏，自此「大紅大紫」蜚聲京都。

後來，百代、高亭唱片公司為余叔岩灌錄的唱片十二張，都是李佩卿操琴伴奏。成為由津門票界走出來的最出色的胡琴聖手。

邢威明

邢威明（1900～1984），原名邢君明，字豫祺。生於北京，漢族，祖籍江蘇無錫市。祖上供職清朝內務府工匠司，以製作御用宮燈為藝，精於紮製，長於繪畫，全家生活小康。

邢威明自幼癡迷譚派藝術，常借向宮中送燈之機，隨舅父到昇平署，與「童聲班」一起習練基本功，且受教於姚增祿、李鑫甫等先生。民國後，經友人介紹，得識陳彥衡先生，受其指教長達七年之久，又經王君直、袁寒雲諸先生指導，專學譚派，時常到「首善第一樓」、「春陽友會」、「言樂社」等票房清唱。1916 年，考入國立北平藝術專科學校學習繪畫，受教於陳師曾。同班學友有喜愛京劇的顏伯龍、李苦禪，他們一邊上學，一邊票戲。畢業後，進入中國銀行工作，任銀行職員。

彼時，中國銀行的內部票房十分正規，威明如魚得水，不久便成了票房臺柱。王長林先生親授《瓊林宴》、

「打棍出箱」邢威明飾范仲禹

《賣馬當鐗》等劇，常演於北京茶園、票房及堂會。

1922 年邢威明正式下海，相繼搭荀慧生、朱琴心等班，演出譚派劇目。其後，自己組「明聲社」赴山東、東北等地演出，一炮而紅，名聲鶴起，遂留在東北演出。並為白玉昆編演《十八羅漢收悟空》，為唐韻笙編演《十八羅漢收大鵬》等，頗受東北觀眾歡迎。

1948 年，加入中國人民解放軍四縱隊京劇團，演出《九件衣》、《闖王進京》等劇目。解放後，任中國戲曲改進局瀋陽分校京劇科負責人，後合併至中國戲曲學校。

全國「三反」「五反」運動後，邢威明被逐至吉林市京劇團。「文革」中，他備受摧殘，毒打體罰，致使左耳嚴重失聰。七旬高齡下放農場放羊。他曾戲言一生演唱了無數次《蘇武牧羊》，老邁時又唱了這麼一齣《萬里緣》。

他多半生從事京劇教學，桃李滿天下，早期有尹月樵、李玉書、麻美英、劉岩朋、田文玉、楊韻青、孔雁、王晶華、蕭潤增、孫岳、馮志孝、李春城等，都受過他的指教。

朱琴心

朱琴心（1901～1961），名誘，號
杏卿。祖籍浙江湖州，生於上海富賈
之家。其父從商有道，家境殷實。他
自幼受著良好教育，曾在教會學校讀
書，英文極佳。17歲到北京協和醫院
任職，為醫院英文速記員。來到北京
以後，他有機會看到眾多名伶的演
出，對京劇迷戀更深，業餘時間都花
在看戲和學戲當中。

他加入了協和醫院票房，成了一
位票友，專工花旦。經過名師指點，
18歲便在堂會中登臺票演《春香鬧
學》。因扮相俊美，聲音甜潤，唱、做
均帶靈氣，初試鋒芒，便獲好評。曾

《陳圓圓》朱琴心飾陳圓圓

與蔣君稼、林鈞甫、臧嵐光三人並稱票友「四大名旦」。從此更下工夫，拜陳
德霖為師研學青衣，又向田桂鳳學習花旦，技藝大增。

1923年，他棄職下海，由於文學修養極好，又注意劇情戲理，初與馬連
良合作，即聞名一時。後來自立班社，以演新編劇目為主。他的嗓音清亮甜
潤，扮相端莊秀麗。不但能演戲，還會編戲。五四運動前後，他創作演出了
《曹娥投江》、《風月宮鑑》等戲。擅演劇目有《陳圓圓》、《樂昌公主》、《花田
八錯》、《秋燈淚》、全本《販馬記》、《人面桃花》、《王熙鳳》、《麟骨床》、《天
門陣》、《情俠緣》、全本《翠屏山》、全本《閻惜姣》、《梵王宮》等，其中《梵
王宮》、《無雙》是他的代表作，久演不衰，極受觀眾歡迎。

1927年，北京的《順天時報》公開發起選舉「名旦」活動。群眾可以把
印在報紙上的選票剪下來，填上選舉對象，郵至報社，月餘公開唱票。這次
選舉事先沒有規定名額，只規定了被選舉的對象必須是掛頭牌的當家旦角，
並且要有個人的小本戲為限。選舉的結果是：梅蘭芳、尚小雲、程硯秋、荀慧
生、徐碧雲、朱琴心等六人入選，當時稱為「六大名旦」。後來，朱琴心輟演，
徐碧雲也告別了舞臺，就只有「四大名旦」了。久而久之，人們就把朱、徐二
人也給淡忘了。

朱琴心退出舞臺的具體原因待考。他於1949年赴臺，在空軍大鵬劇校任教，徐露是他得意的弟子。著名小生朱冠英是他的兒子。

南鐵生

南鐵生（1902～1991），祖籍湖北浠水，生於河北保定。原為鐵路局職員，自幼喜愛京劇，加入京漢鐵路俱樂部京劇社，成為一名優秀的男旦票友。他曾向王瑤卿請益，研習「梅派」極有造詣。

1938年正式辭職下海，在武漢大劇場演出了《三堂會審》。南鐵生掛頭牌飾演蘇三，榮蝶仙演王金龍，陳福壽演潘必正，安舒元演劉秉義，丑角票友費海樓扮演崇公道。因為這場演十分成功，觀眾甚多，電臺亦多次進行實況轉播，使其享有「漢口梅蘭芳」之譽。

後來南鐵生來到北京，拜「通天教主」王瑤卿為師，與梅蘭芳、程硯秋、荀慧生、尚小雲相交莫逆，其藝

《廉錦楓》南鐵生飾廉錦楓

宗「王派」，又善演「梅派」劇目，曾經紅極一時。

其子南奇著有《詩非夢———一代藝人南鐵生》一書，由臺灣美勞教育出版社出版。書中詳細地記述了南鐵生學戲，唱戲的心路歷程，以及他對戲劇的體會與看法，值得行家參考。同時，也暢快地講述了他拜師學藝的過程，傍及他與「四大名旦」梅蘭芳，程硯秋，荀慧生，尚小雲和「小生泰斗」葉盛蘭，俞振飛諸先生交遊共事，相濡以沫的認識與感受。

南鐵生從1917年起直至1961年，一在活躍在京劇舞臺上，個中的酸甜苦辣、榮耀屈辱並存。內容深刻，語出真摯，道盡大時代變動中的悲歡離合。讀來真切動人，使人不盡蒼桑之歎。

管紹華

　　管紹華（1902～1981），原名家
駿，字紹華。北京人，出生於一個富
裕的滿族家庭。上學時就迷戀京劇老
生。每逢有余叔岩、高慶奎、馬連良
等名家演出，就千萬百計去看，幾乎
場場不落。每次都坐在前排，邊看邊
寫筆記，把至關重要的地方記下來，
歸家後認真揣摩。

　　十五、六歲時加入「公餘雅集
社」票房，成了一個很用功的小票
友。在此期間，他得到京劇前輩陳少
五、王福山、福壽山等名家的指教，
技藝大增。譚派名劇的唱、念、做、
打，俱已把握。每每彩唱，戲碼兒均
能排在倒三或壓軸的位置。二十歲
時，就同名票張稔年、張澤圃一起合
灌了《法門寺》唱片。三十歲上下，

《定軍山》管紹華飾黃忠

管紹華已與奚嘯伯、邢威明、陶畏初並稱「北京四大老生名票」。

　　1933年，管紹華經言菊朋推薦正式下海，搭在楊小樓、筱翠花的松慶社，
擔當二牌老生。因為嗓子亮、調門高、韻味足，為世人欣賞。1934年，與德
籍女名票雍竹君合作，一鳴驚人。後來，許多女名伶如新豔秋、梁韻秋、趙嘯
瀾、章遏雲、黃玉華、華慧麟、言慧珠等，都爭相與他合作。其中與管紹華合
作最長的坤伶，就是王瑤卿的女弟子王玉蓉。

　　1937年，管紹華與王玉蓉、吳彩霞、沈曼華、李寶奎、李多奎、朱斌仙、
賈松齡合作的《四郎探母》最為光彩。因為陣容強勝，每貼必滿，極有號召
力。百代公司不失時機地把全劇灌成唱片。這在當年是件很了不起的大事情。
上市之後，一搶而空。百代公司多次翻製，發行過萬，不僅唱片贏得了豐厚
的利潤，還推動了百代鑽石唱機的銷售。這套《四郎探母》唱片轟動大江南
北，管紹華也落了個「探母管」的綽號，享譽全國。

　　近日發現了一冊偽滿洲國時期（1940）發行的普及國粹京劇的專著——《管紹華、王玉蓉合唱四郎探母》。發行人為青雲館主范垂青，他將全劇的戲詞、唱段、音樂和鑼鼓點全部注音譯聲成書，由奉天興業書局在各埠發行。足證，當年管、王的聲勢之大。

　　建國以後，管紹華參加了中國人民解放軍四野文工團，在武漢與文工團成員南鐵生、梁憶梅、林秋雯、葉盛茂、李一車等合作，深受官兵與廣大觀眾歡迎。1959年管紹華參加東北營口市京劇團，主演兼在營口戲校任教。1981年病逝。

俞振飛

　　俞振飛（1902～1993），名遠威，字滌盦，號箴非，原籍松江，生於蘇州。其父為江南崑曲名家俞粟廬。俞振飛幼承家學，六歲學崑曲，14歲登臺演小生；後又從沈月泉深造，先後學唱了200餘折崑曲戲。但對於京劇來說，他還是個票友。

　　1920年，上海著名實業家、崑曲愛好者穆藕初去蘇州參加曲會，在會上結識了俞粟廬先生，二人一見如故，交談甚歡。俞乃將兒子振飛託咐給穆氏。穆藕初遂將振飛帶回上海，安排在厚生紗廠搞秘書工作，實際是教自己拍曲。彼時，穆藕初還把沈月泉請來教戲，俞也跟著學，穆沒有學到什麼，俞卻藝事日增。他曾說過「在

《遊園驚夢》俞振飛飾梅夢梅

1910年前我只是『擺戲』，到了1921年才過渡到演戲。」當時，穆藕初和他還辦了一個「粟社」，到社票戲的都是水平較高的票友，包括唐瑛、陸小曼。

　　1923年，程硯秋赴滬演出，在陳叔通的建議下，特邀俞振飛以「爺臺客串」的名義合作了《遊園驚夢》，效果極好。此後，崑曲式微，振飛開始學京劇，先工老生，後又改回小生，曾向蔣硯香問藝。同時，他加入了「久記」、

「申商」、「雅歌集」等票房，凡有大型的票友會串，請他串戲，視為榮耀。彼時，俞振飛已有下海之心，但其父堅決不允。

1930 年，俞粟盧去世。俞振飛遂辭去暨南大學文學院講師之職北上，經程硯秋介紹拜程繼先為師，正式下海。他與程硯秋一共合作六年，譽滿京、津、滬、寧、渝等各大城市。後來，二人失和分道揚鑣。1941 年，俞振飛應聘赴滬，先後與梅蘭芳、周信芳、馬連良、張君秋、黃桂秋、章遏雲、新豔秋、李玉茹、童芷苓、吳素秋等諸多名家合作，名氣日盛。他精通詩詞書畫，擅笛，對京劇小生的唱法、念白、咬字、用氣、運嗓，都有獨特的追求，形成儒雅、秀逸，富於書卷氣的表演風格。成為一代名伶，最終定居上海。

他擅長演出的劇目很多，崑曲有《牡丹亭》、《長生殿》、《玉簪記》、《荊釵記》、《太白醉酒》、《牆頭馬上》、《千忠戮》等；京劇則有《群英會》、《奇雙會》、《玉堂春》、《春秋配》、《斷橋》、《打侄上墳》、《鴻鸞禧》、《轅門射戟》、《紅拂傳》、《春閨夢》等。1948 年，他與張君秋合拍了《玉堂春》彩色影片。解放後，與梅蘭芳先後拍攝了《斷橋》和《遊園驚夢》的彩色藝術影片。

1957 年，他出任上海市戲曲學校校長。同年，與著名京劇演員言慧珠結婚。嗣後，出任上海崑劇團團長、上海京劇院院長和中國文聯副主席。學生有一百餘人，其中有黃正勤、李松年、儲金鵬、蔡正仁、陸伯平、岳美緹等人。他一生詩、畫創作甚多，且著有《俞振飛藝術論集》行世。1993 年 7 月 17 日在上海逝世，享年 92 歲。

林鈞甫

林鈞甫（190？～不詳），詳細行年失考。據還珠樓主在《徵輪俠影》中稱：林鈞甫出身於詩禮之家，身為民國政府內務部辦事員兼任獎券處辦事員。係上世紀二、三十年代活躍於北京、天津、上海等劇壇的一位著名票友。他演的《小上墳》和《小放牛》，時稱一絕。曾與朱琴心、蔣君稼、臧嵐光齊名，被譽為「京劇票友四大名旦」。

劉曾復在其《回憶錄》中說：他在「九歲時，家人帶著去看戲，其中有知名京劇票友林鈞甫出演的《春香鬧學》。他演的春香在臺口處罰跪，小曾復則正在旁邊吃梨，林鈞甫拿起他手中的梨核扔向臺上的演員，「把這位老

師嚇了一跳，臺上臺下哄然大笑」。這一現場抓戲的場面，眼前的這個小孩把這一幕銘刻在心，並且在多年後為他寫下一筆，「林鈞甫是春陽友會的旦行名票，扮相極佳……他的身段、把子有真工夫，非一般能比，此人頗值一記」。

吳松岩

　　吳松岩（1904～1988），原名吳廣志，北京人，回民。其父吳子芳是經營「羊行」的生意人，平生嗜愛京劇，與梨園界的俞振庭、許德義、遲月亭、范寶亭、王福山以及程硯秋的開蒙老師榮蝶仙諸名家交往甚密。曾經為鳴春社的成立慷慨資助。在其父的影響下，吳廣志很早便與京劇結下不解之緣，自小就常到票房裏學戲唱戲。

　　成年後，吳松岩在北京前門郵電局工作，公務之暇，全心傾注於戲劇之中，尤喜花臉，曾問藝於與名師錢寶奎、霍仲山，深悟淨角要旨，且嗓音宏亮，韻味十足，在票界已頗有名氣。後來，又拜名丑王福山、武淨名

吳松岩於《託兆》中飾楊七郎

宿范寶亭為師，並在王福山的鼎力推薦下，1937 年 11 月，正式拜在「十全大淨」金少山門下，成為「金派」的入室弟子、得意傳人。吳松岩的名字也是金少山先生親自給起的。

　　吳松岩跟隨金少山左右，學藝三年，情同父子。金師愛才、傾囊相授，實得真傳。能戲有《託兆》、《探陰山》、《御果園》、《五臺山》、《渭水河》等。並在金少山領銜的「松竹社」效力多年。由於嗓音高寬洪亮，酷似乃師，深得金師賞識，演出時全力提攜。當百代公司為金先生錄製名劇《白良關》唱片時，金少山自飾尉遲恭，命吳松岩飾演尉遲寶琳。一段「大黑」、「小黑」的「對唱」，二人唱得珠傾玉盤，琤琮鏗鏘，妙不可言。

長期的舞臺歷練，使吳松岩大器已成，於 1950 年正式下海。他夙以「銅錘」袍帶戲擅場，曾與譚富英、楊寶森、奚嘯伯、侯喜瑞、言慧珠、楊榮環等名演員聯袂演出，享譽南北。迄今，許多膠州老觀眾談起舊事，對曾在此地演出過的吳松岩猶自讚不絕口。

吳松岩一生忠厚，敬業尊師。金少山辭世後，家業困苦淒涼。吳松岩將兩位師母和二子一女接到校場小六條家中供養，竭盡弟子孝道。五十年代，吳松岩應邀在北京市戲曲學校任教，培養學生無數。六十年代退休，在家課子。

長子吳炳璋是著名京劇琴師教育家，兒媳馬韻甫工老旦；次子吳鈺璋是融金派、裘派與袁派為一體的著名銅錘、架子「兩門抱」花臉，也是裘盛戎的得意弟子；兒媳沙淑英擅青衣、刀馬；孫女吳虹工青衣、刀馬、花旦。可謂一家三代、梨園世家。

倪秋萍

倪秋萍（1905～不詳），上海人，復旦大學畢業生，著名的琴票，下海後為梅蘭芳先生拉二胡。

倪秋萍有著天生的音樂細胞，小學時已會拉手風琴了。12 歲學拉京胡，開蒙老師就是留聲機。唱片中梅雨田和孫佐臣的琴藝使他聽得沉醉入迷。平時又看了不少有關胡琴的工尺譜、《戲曲指南》一類的書，大為開竅。為了入門徑，他找到第一位老師，是曾為荀慧生操琴的林如松。當時，林如松在上海辦了一個「京胡研究社」，倪秋平就是該社的學生。在那裡他認識了陳小田，又經小田的介紹得以謁識他的父親陳道安。從此成了陳道安的學生。

倪秋萍在陳道安的傳授下，學到了不少東西，加之陳家座上客多是當時的名伶名票，倪秋萍便有了為這些高人操琴的機會。從此歷練薰陶、耳濡目染，技術水平大進。後來又經羅亮生介紹，倪秋萍得以拜在陳彥衡名下，更上層樓。

倪秋萍經常在上海各票房走動，還參加過「雅歌集」票房。他為票友串戲拉琴，來者不拒，無形中增加了許多實踐經驗。在這段時間裏，他獲識了紅豆館主、王頌臣、許良臣、朱耐根、鄭劍西、蔣君稼等名家。最終，還結識了名琴師李四寶。從此退下來，為李四寶拉二胡，成為上海票友中擅拉二胡的第一人。

倪秋萍（右）與王少卿（左）的合影

　　1936年，他終於走進馬思南路梅蘭芳的綴玉軒。此時，倪秋萍學琴已有二十多年的歷史了。他為梅弔了三年嗓子，始終不取報酬，梅先生是絕不肯欠人情的，問他有何要求，他直截了當地提出請梅先生從中斡旋，拜王少卿為師。就在1938年秋天，王少卿來滬演出之際，梅先生出面推薦，由徐蘭沅舉香，王少卿大開山門，收倪秋萍為大弟子。此後，由王少卿為梅拉京胡，倪拉二胡，一直合作了許多年。1948年，梅蘭芳主演中國第一部彩色京劇電影《生死恨》時，導演是費穆，京二胡就是倪秋萍。

孫鈞卿

　　孫鈞卿（1905～1998），即孫筠卿，自署小松梅館主。出生於上海的一個老式家庭，大學畢業後，在某公司任高級職員。他自幼愛好京劇，十三歲起便拜著名戲曲教師產保福為師，學習老生。二十歲，便以票友身份登臺演出，在舞臺實踐中技藝大進。擅演劇目有《定軍山》、《伐東吳》、《失空斬》、《取成都》、《清官冊》等，頗具譚派神韻，得到內外行一致公認。

三、四十年代，他與程君謀、趙培鑫並稱為老生「票友三傑」。在藝術上，他繼承了孫、汪、劉、余諸派之長，嗓音高亢而且醇厚，演唱婉轉而有激情。能戲甚多。嘗與梅蘭芳、周信芳、蓋叫天、馬連良、程繼仙名伶等同臺獻藝。

1949年，孫鈞卿正式下海，與李玉茹在上海中國大戲院同臺演出。先後參加江蘇省京劇團、華東實驗京劇團，活躍於南京、上海等地。五十年代，調入梅蘭芳京劇團。不久，又調到陝西省京劇團擔任主演。孫鈞卿雖然出身票友，由於好學勤練，武功基礎也很紮實。幼年曾向崑曲名家徐凌雲、鄭傳鑒學過《別母亂箭》等劇，

孫鈞卿之《定軍山》劇照

故而戲路寬廣，文武崑亂不擋。他還能演《挑滑車》、《麒麟閣》等武生戲。

據說有一次王金璐生病，他曾代替他演了數場《三擋楊林》，全無一點庇露，圓滿成功，此事在梨園界傳為美談。

1983年，他已近八旬高齡還參加了紀念尚小雲的示範演出，與尚長榮合演《將相和》、《群借華》等劇，功力不減當年。他在85歲時，與其子孫岳在北京舉行父子同臺的展覽演出，演出了《定軍山》、《伐東吳》等重頭戲。陝西京劇團的趙魯平、馬立克等人，均受過他精心的指點。

孫先生不但舞臺演出造詣深厚，而且能書善畫，在古典文學上也有較高的修養。解放前，曾多次在上海舉辦過私人畫展，書畫界對他的書法繪畫評價甚高。

黃桂秋

黃桂秋（1906～1978），名德銓，號蔭卿，別署「桂軒主人」。原籍湖北江夏，出生於北京一中產家庭。自小迷戀京劇，經常出入票房，經票友們指點提帶，學得很快，極有演員的天賦。1924年，在北京匯文中學畢業，考入北

京電話局擔任話務員。後來，又在哈爾濱鐵路局駐京辦事處任科員。經常參加鐵路局系統的票房活動。曾在北平浙慈會堂堂會演出《女起解》、《玉堂春》，頗受行家注目。因為他的演唱出類拔萃，很為顧曲者器重。

1927年，他正式拜陳德霖為師，藝術面目煥然一新。下海以後，先搭馬連良春福社，為馬先生配演。後來自己組建了正誼社，經常與馬連良、余叔岩、高慶奎、楊小樓等名家合作演出。他的拿手劇目《春秋配》、《別宮祭江》特別叫座。獲得「江南第一旦」的稱號。

《別宮祭江》黃桂秋飾孫尚香

黃桂秋在天津演出期間，經常與王庾生、章遏雲、馬豔紅等一起排演新編的《蝴蝶杯》、《燕子箋》、《寶線娘》等戲，很受觀眾歡迎。此後，常以新戲為號召，如《秋香三笑》、《冤禽恨》、《姜皇后》、《鞭打蘆花》、《梁紅玉》等，成了一名勇於創新的名家。

1936年，黃桂秋組織正誼旅行劇團，離開京、津，到全國各地進行巡迴演出，每到一處紅一處，以嗓音甜美，陳腔翻新，而獨樹一幟，蜚聲江南，時人稱為「黃派」。黃桂秋在保存了湖廣韻的基礎上，摻入了上海話的「嗲」味，使得黃派成為好聽難學的流派。

抗日戰爭爆發後，黃桂秋攜團輾轉於蕪湖、漢口、長沙等地，邊逃難，邊演出。除演出傳統戲外，還編演了針砭時弊、歌頌巾幗英雄的新戲，如《姜皇后》、《蘆城俠侶》等。1941年定居上海，常與紀玉良、俞振飛、姜妙香、李盛斌、趙桐珊、李寶櫆等合作，也得到周信芳的提攜和幫助，與周信芳在上海黃金大劇院聯合演出54天，深受觀眾的好評。特別是貼演一至八本《雁門關》，黃桂秋主演公主，連滿數月，欲罷不能，被觀眾譽為「青衣首席」。他的文化素養較高，又能詩善畫，在《蝴蝶媒》中唱四句〔西皮原板〕的同時，可在扇面上畫好一對蝴蝶，全場為之轟動。他的唱腔被灌成唱片的有《別宮祭江》、《彩樓配·三擊掌·母女會》、《起解·會審》、《春秋配》等。

1949 年，他組織秋聲京劇團，自任團長，再次全國巡演。1958 年，加入上海京劇院。在年近花甲之時，還演出《金水橋》、全部《春秋配》等劇。文化大革命期間，黃桂秋因病去世，享年 73 歲。

黃桂秋弟子很多，有言慧珠、李玉茹、童芷苓、王熙春、曹慧麟、金素雯等。

高華

高華（1906～1986），字實秋，江蘇江浦人，自幼就長得目清眉秀、氣質純靜高雅。其父高王波原在南京經營房地產有年，相當富有。膝下有四子二女，他是老三。早年畢業於南京美專，能書善畫，對國劇更有濃厚興趣。十五歲曾在南京首次票演《女起解》，初露頭角。

高華演出之《鎖麟囊》

他在 1932 年北上，就讀華北大學法律系，課餘全天泡在票房及戲院之內，獲益多多。後經名老旦趙靜塵介紹拜王瑤卿為師，造詣日深。先後於吉祥、開明兩戲院演出，紅遍京師。後以北方局勢吃緊，只好尊父命返滬經商。

他在北平時，與年長五歲的師兄程硯秋過從甚密，他對程硯秋劇藝之美頂禮膜拜，尊如師長，二人亦師亦友，對程派理解甚深，有「南京程硯秋」之稱。先後與名角楊寶森、言菊朋。俞振飛，程玉菁，李金棠等人一起主演過許多名劇，顧曲家對之評價極高。曾單獨灌製二十多張唱片，如《鎖麟囊》、《荒山淚》、《風流棒》、《沈雲英》等，暢銷中外。其中，尤以與楊寶森合錄的《武家坡》最負盛名。

高華在解放前舉家赴臺，在臺北和香港兩地開有「國際攝影公司」，從事人像攝影生意。1953 年，應電臺邀聘與名琴師周長華聯合介播程派戲路，使程派戲在臺灣生根開花。又在文化學院主講程派演唱技藝達七年之久，培育了不少英才，學生遍及海內外。

報紙有人與他研討乾旦問題時，他說：「男人演女人，首先心裏要有所準備。在臺上的不是我自己。今天演甚麼角色，是甚麼身份，甚麼處境，其穿戴行頭、唱念氣韻等等，都要恰與劇中人個性相符合才對。否則，不能達成入戲任務，既無精彩可言，便算失敗」等語，都是金石名言。換言之，就是演員於演出時，務必有「忘我」的境界，語意深長。

高華亦擅長書畫，曾與「南張北溥」交往頗深。晚年體弱多病，於 1975 年病逝，享年七十八歲。

張哲生

張哲生（1908～1989），北京人，出身富裕之家，從少受到良好的西方教育，畢業於教會學校，就職上海海關關稅科。本身天賦條件好，氣壯聲宏，酷愛京劇，尤喜銅錘花臉，曾拜金少山為師，在上海有票界金少山之稱。

他是一名「戲癡」，為了京劇幾乎把個人的精力、財力全部投入進去。他花了鉅資學戲，先後學了《草橋關》、《白良關》、《牧虎關》及《下河東》、《盜御馬》、《空城計》等戲。為了學紮實，私下裏又請了富連成科班出身的徐世光，為他說「金派」的架子和臉譜。張哲生把徐世光接到家中居住，達七年之久。

由於他得天獨厚的嗓音，加上自己刻苦學習，很快得到了行家的讚賞，經常與名角、名票同臺演出。如程君謀先生的《空城計》、《捉放曹》，皆請張哲生配演司馬懿和曹操。他在上海黃金大戲院曾與汪其俊先生合演《打嚴嵩》，飾演嚴嵩；在蘭心大戲院與范石人演《洪羊洞》，則飾孟良。

他曾在上海黃金大戲院與黃桂秋、紀玉良、俞振飛、袁世海等合演了一個時期的營業戲。彼時，張哲生正在走紅，凡邀他參加演出，均在報上刊登「天大面子特煩客串」字樣。據說，當時梅先生、周先生、「四大鬚生」以及他們的弟子們，都曾邀他同臺演出過。

《空城計》張哲生飾司馬懿

他與包幼蝶先生合演過《霸王別姬》，曾被拍成電影《影城記》，公開放映過。只可歎時運不佳，下海以後，因為身上沒有，受到內行排擠，藝術上並沒有得到什麼發揮。

臧嵐光

臧嵐光（1912～1980），上谷人，自號「上谷歌人嵐光」。出身文墨之家，琴棋書畫，無一不能。最喜京劇，曾拜名伶路三寶為師，當紅之時，與朱琴心、蔣君稼、林鈞甫一起被譽為「票友四大名旦」。

1930 年，他又拜了王蕙芳為師，以花旦擅長。他的扮相清秀漂亮，光彩照人，極有臺緣，出場必有碰頭彩。1933 年臧嵐光正式下海，一度自己組班，演出於京津一帶。能劇有《花田錯》、《拾玉鐲》、《醉酒》、《小放牛》、《打花鼓》、《打櫻桃》等。

北京《立言畫刊》刊有《三十年代梨園點將錄》專欄文章，將臧嵐光譽為《水滸》中的「一丈青」：「贊曰：佳俠含光，何用不臧？亦是紅樓之晴雯，亦是寶鑒蘇蕙芳。香勻粉淡刁嬌俏，天與長鬟不與笑。有時自將扈家莊，幸勿視同孫二娘！瘦金小字霜紅蒿，亦非酒店顧大嫂！」

臧嵐光書法，繪畫甚佳，他還會給相片著色，這在當年是一奇技。不少人求他為自己的劇照敷色。但他晚年生活落魄，沒有正式工作，僅以賣畫為生。據說，南鐵生在「文革」後期去看望臧嵐光，見他一邊咳嗽一邊作畫。臧嵐光告訴他，畫工筆仕女的臉蛋要用上好的紅茶鹵，現在生活所迫，好紅茶也買不起了。仕女畫費工費時，也賣不出價。街道就給他安排了為燈籠廠畫燈紙的活兒，畫十張一分錢。真是苦不堪言，嘗以借貸為生。

紀玉良

紀玉良（1916～2002），名雲峰，曾用名紀英甫。出身於北京的一個平民人家，十來歲就迷上了京劇。鄰居是一位伶人名叫魏公陶，是他唱戲的啟蒙老師。見其聰明可愛，就教他《四郎探母》、《武家坡》，還給他拉琴調嗓子。彼時，街市商店門口常有「話匣子」（手搖唱機），播放梅蘭芳、馬連良的唱片。紀玉良總是駐足聆聽，靠

臧嵐光之《花田錯》

此竟然無師自通地學會了馬派名劇《甘露寺》、《借東風》。口中整日裏如癡如醉地「磨戲」，成了一位小票友。十五、六歲加入「公餘雅集社」票房，並拜馬四立先生為師，技藝日精。在票界小有名氣。

「七七」事變發生時，他剛從中學畢業，在鐵路上當列車員。那時，他玩票的癮頭越來越大，加入了陣容強大的鐵路俱樂部的京劇隊。在一次票房匯演中，彩唱《珠簾寨》，得到內外行的一致好評。在朋友們的慫掇下，他於1937年辭職下海，正式拜了王榮山、瑞德寶、錢寶森等名家深造。同時在北京搭班唱戲，以演開鑼戲謀生。由於他的嗓音又沖又亮，引起梨園界的重視。

1940 年，他搭李玉茹、王金璐等中華戲校畢業生的班子赴滬演出，改名紀玉良。李玉茹領銜掛頭牌，王金璐掛二牌、紀玉良掛三牌，演於黃金大戲院。這是紀玉良首次在上海亮相，竟然一炮打響。接著，就有著名旦角鄭冰如邀他合作，掛二牌，繼續演出。當他完成了一期合同準備返京時，恰巧有一位掛頭牌的老生演了兩天打炮戲，突然嗓音失潤，一字不出了。急得戲院老闆束手無策，便忽然想到紀玉良尚未離滬，立即跑來求他幫忙救場，演出《法門寺》。紀玉良應承下來，掛頭牌挑班演出，觀眾十分歡迎。從此欲罷不能，一口氣演了個把月，口碑甚佳。

武家坡》紀玉良飾薛平貴

上海觀眾眼看著紀玉良在短短的時間內從掛三牌遞進為二牌，又擢升為頭牌。如此「連升三級」，一下子成為轟傳的劇壇新聞，報上稱他為「閃電老生」。紀玉良是正工老生，宗譚（鑫培）而學馬（連良），不但扮相漂亮大方，嗓音圓潤清亮，而且戲路子寬，能搬演許多傳統名劇。「三斬一碰」更是他的拿手好戲。

紀玉良為人十分歉虛，殷勤問藝、從善如流，芙蓉草、苗勝春等前輩名家都願意向他傾囊傳藝，使其技藝更趨成熟。此後，荀慧生、黃桂秋等名家和「四小名旦」李世芳、張君秋、毛世來、宋德珠等，都爭相邀他合作，均以掛雙頭牌的形式演出。從此，奠定了他在劇壇的地位，最後定居上海。

建國以後，他與李世芳、毛世來、張君秋、宋德珠、言慧珠、童芷苓等先後同臺演出。1951 年參加了上海人民京劇團，擔任該團主演，隨後併入上海京劇院。2002 年在上海華東醫院逝世，享年 86 歲。他是票友下海中最順利，並且相當成功的一位。

陳大濩

陳大濩(1910～1988)，原籍福建
閩侯，生於山東濟南，出身於舊式官
僚家庭，溥儀的老師陳寶琛是他的堂
伯。他在幼年時即開始學習古文，熟
讀經史。稍長即博覽群書，有很高的
文學修養。二十歲的時候，在杭州公
路局任中等職員。因為愛好京劇，從
名伶陳福奎學「余派」老生。公餘常
到票房演出，成為一位很受歡迎的票
友。

後來調到武漢工作，得以向更多
的京劇名師、名票請教，終日勤學苦
練，技藝大增。1931年，梅蘭芳先生
來武漢演出，臨別時與票友聯歡演出
《四郎探母》，陳大濩飾演楊四郎，取
得圓滿成功，贏得「杭州余叔岩」的
稱譽。

《打魚殺家》陳大濩飾蕭恩

1938年，陳大濩離職下海從藝，據稱正式拜了余叔岩為師。在南北各地
演出，聲名大噪。1950年在上海組織濩聲劇社，後來併入上海京劇院。1960
年調到浙江京劇團工作。

他曾先後編導了《竊符救趙》、《鑄劍》、《黃魏爭功》、《斬禰衡》、《孫安
動本》等新戲，與李玉茹、王金璐等名家合演《割髮代首·戰宛城·打鼓罵
曹·斬禰衡》，他的前張秀後禰衡，甚為轟動。《孫安動本》則是他在山東省京
劇團時，自編自導自演的一齣戲，與中國京劇院李和曾的演出本迥然不同，
但有異曲同工之妙。晚年，他改編了余派名劇《搜孤救孤》，也是一部可圈可
點的力作。

他在晚年退出舞臺，開始教戲。本著「學而不厭，誨人不倦」的原則，既
有實踐，又有理論，不論是對專業的或對業餘愛好者，一概嚴格要求。他是
一位能編、能導、能演、能教的全材，在京劇界並不多見的一位京劇大家。

奚嘯伯

奚嘯伯（1910～1977），北京人，滿族。名承桓，乳名小白，藝名嘯伯。他的祖父裕德是清季大學士，其父曾任度支部司長。奚嘯伯自幼喜愛書法、繪畫藝術，對京劇有著濃厚興趣。在上小學、中學期間，課餘堅持學戲，文戲請名票呂正一指點，武戲則向楊派名票于冷華先生求教。平時放學後跑到票房學藝，有時還去姑父關醉禪家串門學戲。

高中畢業以後，他被故宮博物院錄用，當了一名錄事。公餘，依然去票房票戲，成為「燕居雅集」票房的樑柱。在此期間，又得到清逸居士和李洪春的指點。因為言菊朋與奚家素

《打漁殺家》奚嘯伯（右）飾蕭恩侯玉蘭飾蕭桂英

有往來，奚嘯伯的父親是言菊朋二哥的繪畫老師，因此奚嘯伯也常到言家聽言菊朋調嗓。有一次，他清唱了一段《斬黃袍》，博得了言菊朋的贊許。聰明的奚嘯伯就順勢瞌頭，正式拜了言菊朋為師。言菊朋教了他不少譚派戲。

1929 年，在言菊朋的支持下，他正式辭職下海，改乳名小白為嘯伯，意思是說自己是一個愛唱的人，以志夙願實現。

下海後，先在天津搭尚和玉的玉成班唱二牌老生。以後又搭過楊小樓、馬德成、新豔秋、小翠花、章遏雲、雪豔琴、金友琴等人的班社，都是唱二路老生，以求歷練。

由於技藝水平的激增，尚小雲約他合作《御碑亭》，程硯秋約他合作《法門寺》，荀慧生約他合作《胭脂虎》。1935 年，梅蘭芳還提攜他加入了自己的承華社，去天津、武漢、香港等地演出《寶蓮燈》、《三娘教子》、《打魚殺家》、《探母回令》、《汾河灣》、《王寶釧》、《三娘教子》、《法門寺》、《龍鳳呈祥》等劇，從此名聲大噪。

在與「四大名旦」合作的過程中，奚嘯伯深受薰陶，藝術上頗獲裨益。1935 年開始，他自行組班掛頭牌在春和戲院露演。當時合作演出的有李洪春、

李德彬、傅德威、趙德鈺、金少山、張君秋、張曼君等人，後來又邀侯玉蘭、高盛麟、裘盛戎等加盟。

經過長期磨練，奚嘯伯的技藝日益精純，日久天長，自成一派，創出了獨特的「奚派」風格，與馬連良、譚富英、楊寶森並稱為「四大鬚生」。但他從不驕傲，常對人說：「論嗓子我不如譚富英，論扮相我不如馬連良」。報紙評說：「奚嘯伯吐字是道而不濁，行腔是新而不俗，戲路是大而不伏，作風是勁而不火，集諸子百家大成，而樹一幟」。代表作有《白帝城》、《寶蓮燈》、《清官冊》、《蘇武牧羊》、《法門寺》、《范進中舉》等。

1956年反右運動中，因言獲罪，被打成右派分子，下放石家莊京劇團。張伯駒為之感歎道：

> 滹沱河上久沉淪，奚管稱名事已陳。
>
> 尤記百花齊放日，虛心來學祭頭巾。

十年動亂中，奚嘯伯因受迫害而半身不遂，於1977年12月10日病逝。

奚派傳人有歐陽中石、孟筱伯、李伯培、楊志剛、張建國等。

李宗義

李宗義（1913～1994），出生於大津市的一個老式家庭，自幼酷愛京劇，而且天賦佳喉，耳音又好，無論什麼戲，聽上兩遍就能模仿個八九不離十。上學期間，一下課就跑去票房裏去聽戲、唱戲。年未弱冠，在票界已小有名氣，是個宗譚派的小票友。

中學畢業後，他考入天津頤中煙草公司工作，不久又入轉入正昌煙草公司當了一名文案。收入不錯，但他不願終日囚在辦公室內，辭職後，又到河北電影院當了一名售票員。暇餘，他依然醉心於京劇老生，先後拜了天津「票界三王」之一的王庚生和

《空城計》李宗義飾諸葛亮

名伶鮑吉祥為師，刻苦深造。經常在河北正風國劇社和中南國劇社票房票戲演出。

1939 年，李宗義正式下海，搭班演戲。根據本身嗓音條件，以演高派戲為主，兼「余派」、「馬派」之長，形成了自己的藝術風格，在北京、天津、武漢、上海以及山東等地甚得好評。

李宗義的聲腔遠宗譚鑫培、劉鴻聲，近法高慶奎、余叔岩諸家。他的身段穩重、整潔，身上無「羊毛」，足下不「蹚水」。解放後，參加中國戲曲研究院京劇實驗工作團，擔任主演，與張雲溪、張春華等排演了《三打祝家莊》、《江漢漁歌》等新編劇目。1957 年，隨中國藝術團到歐洲、南美洲等十幾個國家訪問演出，受到熱烈歡迎。1960 年灌製唱片《擊鼓罵曹》、《斬黃袍》。與李慧芳、王泉奎合演《大‧探‧二》，轟動京、津、滬。

李慧芳說：「宗義非常豪爽，而且平易近人，我和他一塊兒合作差不多二十多年，演出了很多的戲。那時候我覺得宗義同志的扮相特別好，也不瘦也不胖，也不高也不矮，很標準，而且有一條好嗓子，鐵嗓鋼喉。我們經常演出的就是《大探二》、《秦香蓮》，《蝴蝶杯》。也排了好多新戲。宗義會拉胡琴，還特別喜歡體育運動，尤其是打球，身體好，什麼戲都能唱，我們經常唱《轅門斬子》，從《穆柯寨》一直到《天門陣》，還有《盜魂鈴》，他當場拉胡琴，非常受歡迎。

「他這個嗓子不是說唱戲的時候使很大的勁，而是非常的平穩鬆弛，唱了以後，響徹行雲，給觀眾留下很深刻的印象。他唱的《逍遙津》，那簡直是沒比了。他的本錢足，還會唱，能把感情打到觀眾的心眼裏去，這點是非常不容易的。我舉個小例子，《逍遙津》唱到最後一段二黃時候，「父子們在宮院傷心落淚」，就這一句導板八分鐘，觀眾能給他叫三個好，而且這個掌聲完全是發自內心的，絕對沒有一種吹捧的意思在裏面。我每次聽完都特別受觸動。李宗義先生是天津的名票下海，他七十一歲高齡了，到天津演出《逍遙津》，依然是一個導板三個好。」

擅演劇目有《轅門斬子》、《失空斬》、《斬黃袍》、《逍遙津》、《碰碑》、《四郎探母》、《大‧探‧二》及新編劇目《強項令》、《三打祝家莊》等。長子李光工武生、老生，次子李欣工花臉，三子李岩工文武老生。兒媳沈健瑾、孫畹華、刁麗均為中國京劇院演員，除李光、李岩能繼承李宗義的技藝外，尚有弟子趙世璞、魯藝峰等人。

王琴生

王琴生（1913～2006），北京人。
他出生於一個傳統的中醫世家，父親
愛好京劇，因善醫喉疾，常與京劇名
伶打交道，遇有嗓子失潤，喉頭生結，
影響發音演唱的時候，經老先生一
看，幾副藥下去，保管藥到病除。不
少名伶大角，都把老先生奉為「護法
真神」，往來殊近。

王琴生從小跟父親看戲，久而久
之，耳濡目染，也成了一名小票友。
長大之後，子承父業，也當了醫生，
不少名伶、名票也都成了他的朋友。

王琴生看病之餘，學唱銅錘花
臉，因缺乏「腦後音」，後改學老生。
先後向劉硯亭、德少如、張連福、宋
繼亭等問藝。1936年拜譚小培為師，

《四郎探母》王琴生飾楊四郎

從此進入譚派的杏壇之下，頗解個中堂奧。

王琴生本是富有學養的票友，對藝術的理解力有過人的天分，粉墨登場
很有光彩。於是，在內行朋友們的鼓勵下，毅然下海。不過，他的下海並不影
響他的醫道業務，反而有更多的梨園朋友、子弟親近於他，有個時疾小病的，
他順便都給看了。所以，他在行內很有人緣。

他在悉心鑽研譚派藝術的同時，又拜丁永利，學習武功。這樣一些武老
生的戲也能勝任。他曾與尚小雲合作，演過《遊龍戲鳳》、《桑園會》；與荀慧
生合作，演過《汾河灣》、《三堂會審》等。他經常與筱翠花、金少山、李多
奎、馬富祿等合作。

1952年，他加入梅蘭芳劇團，任當家老生，與梅蘭芳合作了不少生旦戲，
如《寶蓮燈》、《汾河灣》、《打漁殺家》、《御碑亭》、《法門寺》、《紅鬃烈馬》、
《四郎探母》、《抗金兵》等，隨梅蘭芳赴東北、華北、華南等地演出。王琴生
的成功，除了自身的藝術水平之外，也得力於梅蘭芳的提攜。王琴生曾說：
「梅蘭芳當年和高慶奎合作，唱全本《穆柯寨》，讓高慶奎唱大軸《轅門斬子》；

後來和我合作唱《穆柯寨》也讓我唱大軸《轅門斬子》。」他常常讚美梅蘭芳的舞臺藝術是空前絕後，為人古道熱腸。

後來，他參加了江蘇省京劇團，擔任頭牌老生。王琴生嗓音圓潤，戲路寬廣，擅演《空城計》、《桑園會》、《大探二》、《八大錘》、《四郎探母》、《打棍出箱》、《打魚殺家》、《定軍山》、《陽平關》、《戰太平》、《捉放曹》等戲，有時，還能串演《五臺山》等一類的花臉戲。

王琴生通《周易》、曉音律、會中醫、擅書法，多才多藝，享譽梨園。晚年從事藝術教學和理論總結，對譚派傳承和梅蘭芳體系的學科建設作出重要貢獻。他的弟子有王新儂、朱丁奇、穆宇等。八十多歲時仍粉墨登場，經常在京、寧、滬參加合作演出。2006 年，他在北京參加紀念譚富英 100 週年的活動中，突發心臟病與世長辭，享年 94 歲。

李家載

李家載（1915～1986），安徽合肥人，他是清朝官員李鴻章弟弟李鳳章的曾孫，闔家族眾均居上海徐家匯。父親李國澄是個京戲迷，嗓子極好，據說弔嗓子時，琴師的胡琴都拉不上去了，可他的嗓門還可以拔高。家載生長在這樣一個家庭裏，在父親的薰陶下，自幼喜歡譚派唱腔，且有一定的研究。經常出入票房，與票友和伶人一起切磋技藝。

李家載就讀於東吳大學附中，畢業於光華大學。彼時言菊朋聲勢正旺，以正宗譚派為號召蜚聲南北。1931 年，言菊朋在上海大舞臺演出

青年時期的李家載

《法場換子》，李家載與其表弟宋湛清前去觀瞻。二人對言菊朋在舞臺上的風采深深感動，日日前往觀摩，連看了三十一場戲，對言佩服得五體投地。後經家載的表舅任鳳苞介紹，二人一同拜在言菊朋的名下問藝。彼時家載年方一十六歲，菊朋認為孺子可教，將來必成大器，遂認真指教，往來不斷。

1938年，李家載二十三歲時，為求深造，曾北上京師，住進言菊朋先生的家中，日夜追隨侍奉，實得真傳。他演唱的言派唱腔，清新雅致，剛柔相濟。言菊朋因材施教，傳授李家載的並非全是老譚的唱法，而是教授自己的唱法，所以李家載宗言，後來在繼承和發展言派藝術方面做出了一定的貢獻。

李家載在二十世紀四、五十年代活躍在上海的票房和舞臺上，常演的劇目有《臥龍弔孝》、《讓徐州》、《二進宮》、《白帝城》、《朱痕記》、《罵殿》等。他曾與李玉茹、童芷玲等一些名家合作，得到上海觀眾的認可。他的演唱在字眼上雖不及言菊朋先生，但是他總結出一些適合自己的演唱技法，使之更有一些新鮮感，華美激越，高低自如，給人另一種美的享受。

及至解放，他才正式參加工作，在工廠裏當了一名普通職工。平時依然熱衷於票戲生涯。1959年底，為紀念言菊朋誕辰七十週年，上海舉行了一次言派名劇匯演，李家載與言門二代——包括言少朋、張少樓以及大軸反串《賀后罵殿》的言慧珠，一起登臺獻藝。主演了《上天台》和《朱痕記》二劇，十分出色。當時賀龍在場看戲，發現他是個人才，就指示上海京劇院將李家載從工廠調入劇團，算是正式下海。

他的弟子有王柏岩、邱正堅、畢天來等為數不多的幾個親傳。

趙炳嘯

趙炳嘯（1917～2017），漢族，祖籍江蘇淮安。幼年受票友家庭的薰陶和影響，從小隨同父親在北京各票房活動，曾向名票吳述卿、吳子岩（裘桂仙大弟子）學習了《探陰山》、《空城計》等劇目。中學時參加春雪社票房，曾與翁偶虹、祁野耘、何異旭、朱慕家等人合作演出。20歲，對京劇花臉癡迷更甚，先後向桂錫九、張煥亭、張星洲等先生學戲，且嗓音宏亮，特別崇拜金少山，私淑了不少金派劇目。

1939年，經桂錫九先生引薦，拜金少山先生為師，得授劇目有《御果園》、《雙包案》、《白良關》、《連環套》、《逍遙津》、《牧虎關》、《探陰山》、《法門寺》等戲。

四十年代初，他在山東加盟光陸戲院。經常貼演《御果園》、《探陰山》、《大探二》、《姚期》、《連環套》、《牧虎關》和《霸王別姬》等劇目。解放後，加入中國京劇院。參與了一批新編歷史戲和現代戲的創排演出。如《兵符記》、《三打祝家莊》、《三座山》、《五侯宴》、《獵虎記》、《洪湖赤衛隊》等。

《黑風帕》趙炳嘯飾高旺

王玉田

　　王玉田（1917～2016），安徽蕪湖人，生於上海一殷實人家。他從小喜愛京劇，家中請來李克昌、張榮奎、苗勝春等名師，一邊上學讀書，一邊學藝。青年時期，就讀於上海外語專科學校，學得一口流暢的日語。畢業後，在一間日本洋行工作，擔任中級文案職員。

　　但他一心嚮往舞臺生活，經常到票房串戲。工花臉，很有名氣。31 歲時，毅然下海從藝。受到全家人的反對，結髮之妻為此與之離婚。

　　下海後，他先後參加了武漢市京劇團、南通市京劇團，隨譚芙英、宋寶羅等跑碼頭唱戲，擔任頭牌銅錘終遂已願。解放後，參加江蘇大眾京劇團，擔任副團長。多年演出中，他為許多京劇名演員配過戲。

《宇宙鋒》趙炳嘯飾趙高

五十年代，他隨劇團到上海演出，得到周信芳大師的青睞，將其調入上海京劇院，為周院長配演了許多戲。此間，他相繼和譚富英、奚嘯伯、芙蓉草、孫盛文、宋寶羅、高盛麟、王琴生、王金璐、李玉茹、童芷苓等藝術家同臺獻藝。1958 年他調到西安，加盟尚小雲領銜的陝西京劇團，和他配戲的是譚派老生孫鈞卿。

王玉田退休之後，仍然奔走於上海各大票房和各省市的京劇團體，興致所至還會高歌一曲。平時，總是在票房裏忙活，武場上缺人他都能補上去為票友服務。

前兩年，京、滬、寧京劇界為他舉辦祝壽會，他以九十高齡粉墨登場，演出了《宇宙鋒》，猶白寶刀不老，遊刃有餘。

田淞

田淞（1920～2014）北京人，祖籍山西。祖父田和生在京經營食品糕點業，時有「餑餑田」之稱。其父田鴻麟自大清銀行學堂畢業，就職中國銀行會計部主任，後為中國實業銀行天津分行經理。田淞自幼受著良好的中西文化教育，1941 年，畢業於燕京大學經濟學系，後到開灤礦務局會計部任職。

田淞（右）與評劇表演藝術家喜彩蓮合演「小借年」

他自少年時代就喜愛戲曲藝術，尤愛京戲與崑曲。在大學讀書時期便積極參加國劇社的活動。參加工作後，又熱心參與頗負盛名的開灤俱樂部的京劇演戲活動。始工青衣，後改小生，成為京、津一帶著名的票友。

1950 年，田淞經戲劇家田漢先生推薦，與愛人沈毓琛一起到北京中國戲曲學校工作。田淞擔任藝術委員會秘書長，兼任校長王瑤卿先生的秘書。主要任務是幫助老藝術家們整理劇本。1950 年 12 月 5 日全國戲曲工作會議期間，他在前門外大眾劇場演出《春秋配》（飾小生李春發，秦友梅飾姜秋蓮，李金泉飾乳娘）。當天的劇目還有高百歲等演出的《蕭何月下追韓信》，程硯秋、李宗義合演的《汾河灣》。1951 年 8 月 31 日他參與捐獻飛機義演，在大眾劇場演出了《打龍棚》（田淞飾高懷德，郝壽臣飾鄭子明，李甫春飾趙匡胤，鮑吉祥飾柴榮）。當天劇目還有蕭長華、譚小培、貫大元的《青風亭》以及張德俊、方連元等人的《獅子樓》。陣容強大，多數演員為當代名家。

1951 年，田淞正式拜小生名宿姜妙香為師，拜師儀式由蕭長華主持。翌年調至中國戲曲研究院，參加《京劇叢刊》的編輯工作，經他整理出版的劇本有《貂蟬》、《十三妹》、《激瑜激權》等十餘齣。他曾幫助梅蘭芳先生撰寫文稿，還專程赴杭幫助蓋叫天整理全部《武松》。程硯秋晚年演出的《三擊掌》也是經他整理改編的。

1954 年，中國戲曲研究院下屬的中國評劇院急需男小生演員，梅院長便與姜妙香商量欲調田淞前去。領導的決定，老師的意見，又是為了評劇的發展，他不好違背，就這樣去了評劇院。田淞到評劇院後一腔一句，一招一式地向評劇老藝人學習。沒幾個月，他便與評劇名家筱白玉霜合作演出了《玉堂春》（飾王金龍）。姜妙香先生看完演出特別高興，走進後臺祝賀，還對筱白玉霜說：「你們的合作真是珠聯璧合啊！我這個徒弟就交給你啦！」後來，田淞與筱白玉霜、喜彩蓮、夏青、新鳳妹、王琪等評劇名家，先後合作演出了《杜十娘》、《鬧嚴府》、《鋸碗丁》、《小借年》、《秦香蓮》等不少劇目。他與筱白玉霜的《杜十娘》、《玉堂春》等錄音與錄像，至今經常在廣播電臺、電視臺播放。

田淞畢業於名牌大學，不僅擅演京劇、崑曲，還學習過斯坦尼斯拉夫斯基表演體系。不幸的是，反右運動中被錯劃為「右」派。文化大革命時，被抄家、下放，飽受摧殘。落實政策以後，重返舞臺，與評劇名家新鳳妹、王琪合作，排演了《楊乃武與小白菜》、《白羅衫》等劇，且與王琪合拍了首部電視戲劇連續劇《慧眼識風流》。

他在評劇舞臺上塑造的許多小生形象都很有個性。他的身段考究，唱念傳情，表演細膩，繼承了姜（妙香）派小生的風範。但並不照搬京劇的表演程序，而是注重從劇情、從人物性格出發，注重評劇特點，充分展示人物的內心世界，具有濃厚的生活氣息。

舒昌玉

舒昌玉（1927～201？），出身於上海藥商世家，是上海四馬路舒同壽國藥店的少東家。剛讀完了小學，他父親便讓他進店學習生意。因父輩是生意人免不了應酬，所以舒昌玉常隨父親出入戲院和堂會，漸漸的與京劇結下不解之緣。公餘便跑起了票房學戲。德珺如的學生劉占虛為他開蒙，打下了紮實的基礎。劉先生見其可塑，就介紹他隨朱琴心、王幼卿、方傳芸、朱傳茗和茹富蘭等名家學習。成了小有名氣的票友。

當時家裏的態度，只許他當票友，不許吃戲飯。舒昌玉全然不顧於此，通過朱琴心他又結識了王幼卿，更加正規地學唱梅派青衣，還不時登臺票演。1950 年，他有一次得到在梅蘭芳寓所清唱的機會，唱了一段《鳳還巢》。梅蘭芳對其十分滿意，正式收他為入室弟子。由魏蓮芳出面為舒昌玉組班，加上

馬富祿、趙德鈺等名家輔佐，去南京巡演，載譽而歸。自此，他便棄商從藝，正式下海了。

次年，梅蘭芳遷居北京，舒昌玉以弟子身份隨行，住進護國寺大街梅府。那時，姜妙香住東廂房，琴師倪秋萍和他住在西廂房，學習的環境和條件極好。更有幸者，他還得到王瑤卿的指導，學了《李豔妃》、《王寶釧》、《孫尚香》三齣看家戲。

有了這些積累，舒昌玉就去天津挑班建新社，同他合作的演員有王則昭、奚嘯伯等名家。十餘年中，巡演於全國各地，演出場次不下千餘場。1958年，他結束了流動演出，回上海參加文化局整風學習，分配到貴州省

舒昌玉（右）與梅蘭芳的合影

京劇團工作。由於舒先生不適應西南的氣候，常年患病不愈，62年退職回滬。文革期間，禁演傳統戲劇，又因為他屬劇團編外人員，舒先生生活陷入困境。但私下裏仍然偷偷練功，未曾丟掉。

撥亂反正以後，舒先生的藝術生命也漸漸復蘇。80年，他受杭州京劇團之邀為青年演員講學，重返舞臺，屢屢應邀去山東、安徽、江蘇各地露演。1985年，受聘為上海文史研究館館員。應上海文藝出版社邀請，整理出版了《生死恨》、《鳳還巢》、《宇宙鋒》、《二堂捨子》、《女起解》、《穆桂英掛帥》等梅派曲譜和舞臺演出本，對發揚梅派藝術做出貢獻。

票友精英

周子衡

周子衡（1815～1905），其名不詳，字子衡。清嘉慶二十年生於北京商賈世家，本人是前門大柵欄的一家金店老闆。原本家道殷實，因為終日沉醉戲劇，至使經營不善而告歇業。周子衡想就此下海，去搭班唱戲。同仁堂東家老樂先生認為周子衡的唱、念都好，但做表欠佳，下海並不合適，就把他約到同仁堂來當文書。周的生活費用全由樂家擔負。他們就這樣既是東夥，對是票戲的朋友，相處了幾十年，一直到周子衡故去為止。

周子衡天生有一副好嗓子，學程長庚的唱能達到亂真的地步，係同光年間的程派名票。名伶汪桂芬、余勝蓀、王鳳卿等人，都曾向他請教過技藝。

周子衡小照

姜妙香先生在回憶文章中說，「票界有個周子衡。他專學程大老闆，工夫很深，為內外行所一致推崇的，也是對京戲研究到家的一位了不起的人物。

據老輩的評論，汪桂芬學程的唱念，固然是沒有褒貶了。但是程的嗓子，柔裏裏剛，比汪還要沉著雄厚。倒是周子衡的音帶，不用苦練，天然就像大老闆。有一次他倆在福興居吃飯，周在屋裏唱一了出「文昭關」，程長庚在窗外聽了，連連點頭說好。

陳老夫子也講過一樁他在幼年挨揍的笑話。他曾在三慶坐科的時候，有一天隨班去應一家堂會，他在後臺聽見大老闆已經上場，小孩子總免不了要頑皮的，趁這老頭兒不在旁邊，就跟別人說說鬧鬧，開個玩笑。想不到有人會在他的後腦袋上「拍」的打了一下，回頭一看，不是別人，正是他見了最怕的程大老闆。這一嚇真非同小可，敢情場上唱的是周子衡，不是程大老闆。你們想想，連陳老夫子都分不清前臺唱的是程是周，可見得他們的嗓音和唱念，實在像到極點了。

周子衡的歲數比譚老闆還要大得多。汪桂芬還沒有替大老闆操琴的時候，他能學程腔的名氣，已經很大了。後來汪桂芬不斷向他請教，鳳二爺（王鳳卿）也跟他「掏獲」了好些玩藝兒。他活到九十多歲才死的。我們都趕上看到他的串戲，聽他嘴裏的勁頭和發音的沉著，真太好了，至於身段方面的確是比較隨便一點。

孫春山

孫春山（1836～1889），其名不詳，春山是他的字。他出身滿州貴族，祖上世代為官。本人曾任前清兵部車駕司郎中、會同館監督。族中排行第十，人稱「孫十爺」。

孫春山文學修養極高，且精通音律、腹笥淵博，為光緒年間著名青衣票友。其藝宗胡喜祿和陳寶雲兩位名家，且深得此二位名伶賞識。他的拿手戲有《三娘教子》、《桑園會》等，均受過這二位名家的親炙。

梅蘭芳在《舞臺生活四十年》一書中說過：青衣「腔調的變化，是根據舊的一步一步地改成了新的。現在大家都創製新腔，從前也有人在那裡研究的。不是林季鴻能編新腔嗎？在先還有一位孫春山，精通音律，他的創造能力比林季鴻更要高明。他在北京做官，並不是本界的人，排行第十，人都管他叫孫十爺。我們內行裏面就有好幾位老前輩，如余紫雲、陳德霖、張紫仙都向他學過腔的。他的文學和藝術的修養都很深，肚子裏淵博極了。他不但能創造新腔，同時也常替這些老前輩們修改詞句。因為從前的戲詞，往往是

教師們口傳面授，以誤傳訛的，沒有準確的本子的，所以，當時我們戲劇界得到他的幫助實在不少，林季鴻也就是跟著他的路子研究的。我唱『武昭關』的一段慢板，是陳十二爺（彥衡）教給我的，也就是孫十爺傳下來的新腔。」

「孫春山是票友，他唱的青衣又是跟誰研究的呢？是本界的老前輩——胡喜祿和陳寶雲。雖然都唱青衣，可是各有特長。胡喜祿是做派，表情細膩，專門在劇中人的身份、性格上下工夫琢磨；唱的方面是用平淡熨貼取勝，不肯隨便耍腔。譚老闆曾經說過：『胡喜祿演「彩樓配」，只有一句花腔，他還不肯輕易用出來呢。』陳寶雲就人不相同了。因為他有一條玲瓏圓潤的好嗓子，就喜歡編新腔。別人的腔，他也採用。可是經他重新組織過以後，馬上就變得悠揚曲折更好聽了。所以他的行腔，總是獨出心裁、不肯依樣畫葫蘆，模仿別人。孫春山就常學他的腔，他也不斷請教孫春山。他們兩人真有意思，譬如研究好了一段新腔，總拿『青出於藍，藍出於青』這些話來互相謙讓的。論到胡、陳二位的年輩，那比時小福老先生還要早一點；他們是常陪程大老闆（長庚）演戲的，恐怕要算我們青衣一行的開山祖師了。」

喬藎臣

喬藎臣（1863～1926），名佩芳，字愚樵，自號白雲詞人。他出身於山西喬家堡巨賈之家。其父喬景岱因在生意中得罪了蒙古王爺，吃了官司，險些失去性命。其祖喬致庸去世時，遂將掌門大權交給了喬藎臣，由他主持一切。喬藎臣是京師同文館的學生，畢業後曾任丹麥使館的翻譯。後來在華俄道勝銀行任職，說得一口流利的英語。

喬藎臣素喜京劇，師從紅豆館主，研習「譚派」，人稱是北京票友界「五壇（譚）」之中的「日壇」。光緒三十年（1904）加入北池子「遙吟俯暢」票房，與名票貴俊卿等人，同為票房梁棟。

1914年，「春陽友會」票房在北平浙慈會館成立。創辦人樊棣生，票房規模設施，猶如正式劇團。還特邀名伶錢金福、姚增祿、鮑吉祥等，來此授藝和指導排練。陳德霖、王瑤卿、梅蘭芳、姜妙香、姚玉芙、劉硯芳、余叔岩等人，均以會員身份參加活動。此時，喬藎臣在北京經商，也參加到「春陽友會」的票房之中。票演過《探母回令》、《失‧空‧斬》等戲，大家對之評價極高。他還為票房編寫過《義烈奇緣》、《潘烈士投海》等新戲。

喬藎臣是個洋買辦，在經營自己生意的同時，還代理「三槍」自行車，屈臣氏西藥，持有前門多家商號的股份。作為「春陽友會」的主力會員，喬藎臣對票房也給予了巨大的經濟支持。

喬藎臣對京劇做出的貢獻，主要是他代理上海百代公司業務期間，曾為老一代名伶錄製了許多唱片，對京劇的普及發展起到了推動作用。

百代公司的創始者法國人樂浜生，遠渡重洋來到上海，屢經周折創立了「百代公司」。批發零售西洋產的各式留聲機、唱片、電影機械和電影影片。他聘請了寧波商人張長福擔任

《四郎探母》喬藎臣飾楊四郎

買辦。雖然張長福對於唱片錄音、製片等技術問題是個外行，但他具有經營管理的能力，並且有著廣泛的社會關係，將唱片的推廣視為優先發展的業務。於是，他又聘請了在伶票兩界關係稔熟的喬藎臣和王雨田來聯絡業務。在喬藎臣的運作下，他們先為譚鑫培灌錄了《秦瓊賣馬》與《洪羊洞》的唱段，聲音效果甚佳。問世之後，市場上掀起了一陣熱賣高潮。事後，喬藎臣代表公司向譚鑫培付酬，譚鑫培竟堅辭不收，說：「人家為了灌片勞神費力，我應該向您付酬致謝。此款如何可收！」傳為一時佳話。

該片十餘年內暢銷不衰，一直穩居百代單片銷量榜首。京劇唱片的熱銷，不僅為公司贏來可觀的利潤，也為京劇的推廣起到推波助瀾的作用。諸多名伶看到了灌製唱片的好處，也緊隨其後，競相錄音，為今人留下無數寶貴的有聲史料。

恩禹之

恩禹之（1865～1922），其名不詳，禹之為字，工老生，係早年間北京著名的京劇票友。有文字記載，他最早出名是在 1913 年，彼時李直繩府上辦堂會，余叔岩擔任戲提調。演出劇目有王君直的《碰碑》，程繼仙和恩禹之合作

《群英會》，壓軸是梅蘭芳，王惠芳的《虹霓關》，大軸《空城計》則是由余叔岩，黃潤甫，金秀山，王長林，劉春喜聯合演出。從這一節目單中，可知恩禹之在當時的票界已頗有聲望。

樊棣生創辦的「春陽友會」票房，是在北平崇文區東曉市大街的浙慈會館。名譽會長李經佘，票房規模設施，猶如正式劇團。恩禹之與喬藎臣、世哲生、林鈞甫、鐵麟甫等人均是會中棟樑。

由於該票房人才濟濟，行當齊全，文武戲均能演出，在當時極有聲望。恩禹之主演的《探母回令》、《失·空·斬》、《群英會》、《遊龍戲鳳》等戲，均享名一時。後因廟產出售，票房遂報散，恩禹之行跡失考。

王君直

王君直（1867～1931），本名王金保，字麗泉，後改名王益保，字君直。他是清季大儒王敬熙之子，同治六年生於天津。

1905 年，在學部左侍郎嚴修保薦下，王君直任學部主事，授朝議大夫。1915 年，任長蘆京引鹽商代表。後來被推選為蘆綱公所綱總，當選入津商會副會長。1928 年 10 月，因「蘆鹽五綱總案」被南京國民政府羈押，解往南京，居南京大華飯店聽候結案，未幾病逝。

王君直是著名的京劇票友，京劇名宿楊小樓、梅蘭芳等，均曾與他合作演出，轟動京師。他的票戲水平位居「票界三王」（即王君直、王庾生、王頌臣）之首，為京劇的傳播和振興做出了巨大貢獻。

王君直身居長蘆鹽務綱總，元升園為他票戲提供了不少方便。他經常參加「春陽友會」的活動。在此結識了許多名演員、名票友和名琴師，盤桓日久，技藝不斷精進。雖為票友，卻得過譚鑫培親授，學譚派造詣很深。

王君直嗓音極佳，清亮醇厚。一日，他在某飯莊乘酒高歌，恰好譚鑫培宴於鄰座，聽後十分驚異，對同座說：「嗓音和唱法很像我！」王君直聞訊即過席拜訪，自此與譚鑫培訂交。每逢譚鑫培演出，王必與陳彥衡一起到場觀摩。譚每次到天津，亦必與王君直聚首懇談。張伯駒先生有詩記之：

> 聽歌鄭重豈尋常，一記胡琴一記腔。
> 七十二沽諸後輩，無人不敬四爺王。

《坐宮》王君直飾楊四郎蔣君稼飾公主

　　王君直身為票友，但與專業演員聯繫最廣，許多專業演員都受過他的直接指導。余叔岩經常隨其左右，虛心請益。王君直在元升園主演《空城計》時，余叔岩還陪演過劇中的王平。余叔岩十七歲倒倉，啞得不能出聲，欲改武生。王君直出面阻攔，以長輩的身份要求余叔岩不要唱武戲，關起門來學習，調養好身體。在此期間，他耐心教授余叔岩學習詩文、音韻、書法。余叔岩從善如流，亦將「小小余三勝」的藝名改為余叔岩了。後來，余叔岩成為最早的「四大鬚生」之一，享名全國，仍然念念不忘王君直的師友之情。

　　王君直熱心公益，對藝術毫不保守，有問藝者無不傾囊相授。另外，王君直擅長書法，以小楷見長，印有《君直先生臨查升宮詞百首》字帖行世。

朱耐根

　　朱耐根（186？～193？），寶應人。生於清光緒年間，少年時期隨祖父寓居北京。他酷愛皮簧，參加票房活動，研習老生，曾得到譚鑫培的真傳。後來，以票友身份在上海、杭州、漢口、常州等地作過很多義務性演出。他與當時的名票王君直齊名，有「南朱北王」之稱。

名票陳小田在其所著《京劇音韻概論》一書中提到彼時的「譚派」名人，朱耐根就名列其中。蘇少卿在《劇評》中，也曾盛讚朱氏的聲腔「如浮雲遮月」，「媲美小余，其傳音區區蒼勁，更是爐火純青」。

朱耐根的唱腔曾由高亭、百代兩公司灌過三張唱片，《法場換子》、《梅龍鎮》和《探母回令》。而這三齣戲譚鑫培並沒有灌過，故而成為研究「譚派」聲腔藝術不可多得的寶貴資料。

陳彥衡

陳彥衡（1868～1933），單字名鑒，字新銓，著名京劇琴票。成名後，人們皆尊稱之為「陳十二爺」。

陳彥衡祖藉四川宜賓，世代書香門第。其父飽讀詩書，腹笥寬闊，中年考中辛酉科舉人，官放山東膠州知州。上任後，因為得罪了巡撫丁葆禎而被罷官，退隱濟南。平日喜聽戲劇，每有名角作場，必攜家人前往觀看。暇時，則邀朋聚友集於自宅客廳，清唱為樂。

陳彥衡自幼聰慧無比，記憶力強，過目成誦，而且文思敏捷，能舉一反三。陳公見其天資很高，督促他研習應試文章，以求功名進取。而彥衡對仕途不感興趣，無心於此，故屢試不中。唯獨喜歡拉胡琴，對京劇的生旦唱腔和旋律能做到入耳不忘。在濟南他曾向名家金子繩學習五弦琴，深得其中要訣。彼時彥衡方十六、七歲，迷戀音樂幾乎達到廢寢忘食的程度。白日裏琴不離手，夜深人靜之時，常用一根細長的竹籤兒墊在胡琴筒子上，將琴聲壓低，徹夜苦練不綴。如是三、五年間，不僅嫻熟地掌握了操琴規則，還研究出用工尺譜記錄的方法。這一點，使行家裏手都很欽佩。

光緒年間，陳彥衡的岳父曾為他謀得雲南羅平知州一職，他稱故不去赴任。在天津住時，還常乘車到北京欣賞名伶的演出。他在中和園飽聽了譚鑫培所演的所有老戲，同時，也聽足了梅雨田的琴聲。他買通了園子的茶坊，設法坐在小池子裏，全神貫注地欣賞著梅拉譚唱。回到旅舍，馬上伏案疾書，把譚梅二人的合作的唱段兒，用工尺譜記錄下來。然後，從蚊帳頂上取下胡琴反覆練習，直至拉對為止。

當時的京官都會唱幾句京戲，每天公餘都聚在茶館票戲，大家爭先恐後地約陳彥衡操琴伴奏。有時也有不少名角來此弔嗓，遂與陳彥衡熟悉，彼此稱兄道弟、交往甚厚。不久，陳彥衡補了一個小京官職位。於是舉家遷到北京。他每天到衙門裏辦完公文，就全心鑽研胡琴。自此琴藝突飛猛進，成了

名揚遐邇的琴票。張伯駒贊之：「外行琴手孰成名？苦憶當年陳彥衡。叢樂高張龐杜輩，洛陽難及鄭先生。」他說：「余在洛陽演《戰太平》，即其操琴。有時在其家，由其操琴，余唱《碰碑》，極相合。」

陳彥衡除了精通胡琴外，對京劇場面的其他樂器也頗有造詣。他曾向梅雨田和笛師方二立學笛子，又向崑曲名伶學習崑曲，還跟嗩吶名家錫子剛學了許多曲牌。對這些「絕學」，他遂一記譜整理，並逐一考證其淵源、出處和使用場合，編寫成書。使這些這珍貴的音樂資料，不至散佚，為研究我國傳統民樂史有著舉足輕重的意義。

1912年陳彥衡（中）與陳富年（左）及其子余叔岩（右）的合影

據陳彥衡之子回憶，陳彥衡與譚鑫培的相識有著極富戲劇性的。那一次，老譚最要好的朋友將陳彥衡約到譚家晤面，譚鑫培對陳彥衡的琴技久有耳聞，但不知真假，有心當面試上一試。老譚遂請陳彥衡操琴，自己調調嗓子。彥衡正想露露鋒芒，便從容理弦，蓄勢而發。老譚先唱了段《碰碑》，接著又唱了段《空城計》，最後還唱了段深藏不露的《魚藏劍》。結果，陳彥衡的琴拉得一絲不苟，滴水不漏。三段戲託得如此細膩有致，使老譚大為驚異。當場驚呼，真是雨田第二。自此對陳刮目相看，二人遂成莫逆之交。

民國期間，陳彥衡頻繁地往來於京、津、滬三地，以琴會友。先後整理出版了《燕臺菊萃》，全部《四郎探母》的工尺譜。同時，為劉豁公主編的《戲

劇月刊》，撰寫了《群英會》、《寶蓮燈》全劇唱段的工尺譜。還在《戲劇月刊》連續發表了文章，暢談琴藝心得，為京劇文場的普及，付出許多心血。

陳彥衡一生收授弟子很多，在北京有五位學譚腔的名票，即王君直、王又宸、王雨田、張毓庭、貴俊卿，都先後入室陳門求藝，頗有成就。其中，最使陳彥衡得意的兩位奇才，便是余叔岩和言菊朋。

余叔岩自小拜陳彥衡為師，住在陳彥衡家中。手把手地教余叔岩二十多齣譚派戲，並天天給他弔嗓子，不僅使叔岩順利地渡過了倒倉期，且教他能深刻地掌握了譚派行腔吐字的訣竅，終於培養出一位宗師。

言菊朋原本是北京名票，他一心學譚，凡譚鑫培演出，必往觀劇。陳彥衡認為菊朋是個可塑之才，主動收他做徒弟。從此菊朋天天到陳府學戲、弔嗓，下了三年苦功，終於被琢成一塊美玉，名列「四大鬚生」之一。

此外，陳彥衡還有幾位值得一提的弟子，一個是羅小寶，另一個是名票「夏山樓主」韓慎先。有「冬皇」之譽的女鬚生孟小冬，也曾向陳彥衡學習譚腔。至於滬上名票許良臣、蘇少卿，還有許姬傳，全都受過陳老親炙。陳彥衡還收過兩名操琴的弟子，即倪秋萍和周正芳，一位拉胡琴，一位拉二胡，二人互相交替，手法靈巧一致，都是琴壇妙手。

松介眉

松介眉（1875～1930），北京著名的京劇票友。工老旦，曾與文亮臣一起為羅福山的入室弟子。一度加入「春陽友會」票房，經常登臺票戲，彼時早有名氣。

1918 年，松介眉加入紅豆館主溥侗與袁寒雲創辦的言樂會。此會不僅票戲，更重要的是屬於研討性質，每次活動，都是名家在一起對京劇進行深層次的探索與研究。諸多名演員也到此活動，陳德霖、錢金福、王長林、余叔岩、鮑吉祥、遲月亭、范寶亭、姚增祿、王福壽（紅眼王四）、金仲仁、馮蕙林、郭仲衡、包丹庭、言菊朋、朱琴心、賈福棠、趙子良、俞平伯、載濤及後參加的葉仰曦、翁偶虹等人，都是言樂會的中堅分

《吳國太祭江》松介眉飾吳國太

子。松介眉在這種環境的薰炙之下，藝術水準有了更大的提高。彼時，他與這些名流常票演於宣武門外的江西會館。

松介眉的拿手戲為《岳母刺字》，他與恩禹芝、厲慧良均合作過此劇，且有唱片行世。1928年，勝利公司為他與郭仲衡合作的《雪杯圓》、與寧子臣合演的《孝感天》，以及松介眉主演的《吳國太祭江》都灌製了唱片，迄今均已成為稀世珍品。

陳道安

陳道安（1878～1957），名以履，字公坦，號道安。江蘇省江陰人氏。其父欲求仕途，舉家北上，寓居北京。

陳道安生長在北京。因少小體弱多病，經父親允許，從乃父之友梅雨田先生學習胡琴，藉以自娛、健身。在學習中，深為京劇音樂吸引，從而深入其境，竟得其傳，成為一項事業。

陳道安曾考中秀才，1900年回到常熟完婚。在故鄉滯留期間，仔細研究名伶唱腔，博採精髓，並將自己所習的岐黃陰陽、五行生剋之理，引申到曲譜當中，將琴音上升到

陳道安小照

理論層面，琴藝更加博大精深。另外，他還根據自己收集到的民間小調，創製了《柳搖金》、《柳青娘》、《海情歌》等京劇曲牌，往復翻成十四調律，深得梨園子弟崇拜。時稱海內「四大胡琴聖手」之一。

所謂「四大名琴」，指得是疏密有間的梅雨田，善斷險奇的孫佐臣，說譚專家陳彥衡和儒雅青衿陳道安。梅、孫係專業琴師，而二陳是文人琴票。就各家所長而論，梅雨田占個「秀」字，而陳道安則占個「雅」字。

1904年，陳道安在上海商約公所任職，凡學譚者多來扣門請益，先生逐一指撥。為滬上傳播譚藝的第一人。閒時便與潘月樵、夏月珊昆仲、毛韻珂、馮子和等人談天說藝，對南、北京劇音樂的融合也起到了推動作用。

辛亥革命以後，陳道安創辦了京劇「春雪票社」，傳授琴技。前來就學的弟子遍於江南。陳道安定居常熟後，相繼倡立了「中音俱樂部」、「虞聲友社」，參加者眾多，均尊陳氏為宗師。

抗戰初起,陳道安返回上海,曾為許多名角,如梅蘭芳、言菊朋、紀玉良等人配琴灌製唱片。解放後,擔任上海市文史館館員。1957年病故,享年79歲。

張曉山

張曉山(187?～不詳),俗稱「盔頭張」,北京人,據說祖上為蘇州人,世代紮製戲劇道具。後來奉旨進京,專門承制宮中演戲所用之切末。光緒年間,他家在前門大街開了一間戲裝店,經營戲劇服裝道具。

到了曉山成年時,業務擴大,又在大柵欄開了間盔頭社,自任老闆。因為業務關係,與伶、票兩界人際稔熟。自己又愛唱戲,於光緒二十六年(1900)庚子事變之後,在北京府右街內太僕寺街創辦了一個「太僕寺」票房。相傳,東北大戶牛子厚來北京捧戲時,就是由張曉山推介與葉春善相識。後來,二人合作創辦了喜連成科班。

張曉山工老生,能戲有《廣太莊》、《八義圖》、《戰太平》、《鎮潭州》等。常到票房參加活動的還有學王瑤卿的章曉山、學何桂山的張小山,加上他這個曉山,時稱「三山聚義」。此外,還有金仲仁、韓俊峰、滿子善等人也加入了這個票房,故而聲勢較壯,常於和聲園彩唱。

1917年,張曉山應邀赴外省教戲,票房報散。

顧贊臣

顧贊臣(1880～1954),老生名票,是位文武崑亂不擋的全才老生,他也教了不少內行的演員。名票張伯駒對其德藝十分欣賞,他在《紅氍紀詩注選》中讚道:

> 京票群稱此老人,豐神和藹亦堪親。
>
> 同臺曾演空城計,譚派今余顧贊臣。

詩後有注云:「北京譚派票友無多,顧贊臣其一也。人甚和藹,於小經廠劇場曾由其演《空城計》,余為飾王平。」

1926年顧贊臣在廣德樓演出《戰太平》

顧贊臣與包丹庭相交甚篤。1954 年秋，二人在中國京劇院劇場作觀摩演出《清風亭》，顧贊臣之張元秀，包丹庭反串老旦。事後因患感冒一病不起，於冬日二位同在一周之內相繼去世。

樊棣生

《打侄上墳》樊棣生飾陳伯愚

樊棣生（1883～1967），名繼昌，字棣生，原籍浙江紹興。其父樊永培在北京居官，任清宮內務府緞匹庫經承，頗有家資。樊棣生生於北京，少時嗜好京劇，因嗓音不好，不能登臺，便請有教習，專工場面。他曾從內廷供奉耿俊峰學習打鼓，幾年後，吹、拉、彈、打，各種樂器，無一不精，成為著名的鼓票。

1914 年，樊棣生出資在前門外浙慈會館創辦了「春陽友會」票房，特聘梅蘭芳、姜妙香、姚玉芙等名伶為名譽會員，組織起一支頗具實力的票友隊伍。遇有重要演出，常邀戲劇名家參與，在北京頗有影響。

票房所在會館中有個戲臺，票友們和京劇藝人常在那裡活動，一些京劇藝人早晨去天壇壇根喊嗓練功後，順路再去浙慈會館，在春陽友會弔嗓、走臺。春陽友會人才濟濟、藏龍臥虎。程硯秋學藝期間，在師門練完早功以後，總到那裡借臺練藝。青年余叔岩、趙桐珊等也都是這裡的常客。樊棣生慧眼獨具，對可造之材，全力扶持，老生余叔岩和名旦朱琴心，可以說是樊棣生一手托起來的。經常光顧票房的，還有譚鑫培的一些配角。

許多名票如賈福堂、松介眉、趙子儀、恩禹之、世哲生、林鈞甫、鐵麟甫、李吉甫、柏心庭、孫慶棠、趙翰卿、樊杏初、許松庭、文一舟、潘致忱、周袼庭、錢仲明、邱伯安、沈雲階、陳遠亭等，也都是該會會員。由於票房人才濟濟，行當齊全，文武戲均能演出，如《探母回令》、《失・空・斬》、《群英會》、《借東風》、《華容道》、《單刀會》、《四五花洞》、《寧武關》、《連升店》、《九蓮燈》、《石秀探莊》、《雅觀樓》、《九龍山》、《廣太莊》、《戰宛城》、《一箭

仇》、《四平山》、《鐵籠山》、《挑滑車》、《長阪坡》等，儼然是個專業劇團。樊棣生傾囊出資置辦行頭，支付演出的一切開銷，為此幾乎傾家蕩產。

1918 年華北地區遭水災，「春陽友會」票房曾於吉祥園連續了數天義演戲，籌資賑濟災民。該團還協助楊小樓、郝壽臣排演新編劇《野豬林》，使其大獲成功。自此「春陽友會」可執京城票房之牛耳。

樊棣生由於長期從事鼓樂演奏，耳鼓生疾，晚年耳聾，不得不退出舞臺，票房的演出活動也就此結束。解放之後，樊棣生年近古稀，仍常應老票友邀請，為東四工人俱樂部、北京鐵路局、北京市自來水公司、首都鋼鐵公司等業餘劇團進行業務輔導。

趙子儀

趙子儀（188？～不詳），北京著名武生票友，出身殷實之家，好習武工，曾拜名武丑王長林為師，擅演武丑及武生戲。後又從楊隆壽、姚增祿、俞振庭、王福壽、錢金福、范福泰習藝，技藝臻於完美。最早參加「春陽友會」票房，一起走票的還有恩禹之、喬藎臣、世哲生、林鈞甫、鐵麟甫、李吉甫、柏心庭、孫慶棠等名票。春陽友會解散後，趙子儀與南鐵牛、章小山、劉竹西、張蔭之、趙翰青等人一起創辦了東園雅集與聽濤社。

其後，趙子儀也參加了紅豆館主與袁克文共同創辦「言樂社」，與此同時，又拜了王福壽（紅眼王四）為師，常與名票包丹庭一起練功、打把子。趙子儀認真好學，因票友中工武生的較少，故臨場練鍛機會便多。票房常演於宣武門外的江西會館，趙子儀幾乎場場有活兒。每年四、五月間，紅豆館主邀請大家聚會北海，租船暢遊，並請名廚烹飪佳餚宴請眾人。紅豆館主對趙子儀也很偏愛，也教了他幾齣私房戲，如《八大錘》、《麒麟閣》等。

趙子儀的武功紮實、工架漂亮，能戲有《對刀佈戰》、《長阪坡》、《小商河》、《八大錘》等。許多內行名家都曾向他問藝，他是來者不拒，一概傾囊相與，人稱他一位好佬。茹富蘭、楊盛春、侯永奎、李少春都曾向其請教，可見其藝術造詣之深。

江子誠

江子誠（188？～不詳），藝名江夢花，上海人，係清代末年著名的上海名票。

　　江子誠最早從師徽班名宿老頓，學的是老生和花臉。同時，他還向京班的旦角前輩十才學的青衣，他是一位多能的通材。江子誠研究青衣，多有建樹。他反對舊日的老腔老調，立志改革，多年來一直創製新腔，且以身做則地積極推廣。如今膾炙人口的《玉堂春》，其中很多唱腔都是江子誠創造並率先搬上舞臺的。

　　他在上海春雪社、震環社票演《玉堂春》，全用新腔，使人耳目一新，不少內行也都向他請益。他下海從藝以後，改名江夢花。搭班在黃楚九的新新舞臺，以頭牌青衣進行業務演出。和他搭戲的名角有孫菊仙，麒麟童（周信芳），李吉瑞，尚和玉，林顰卿等。他的演唱新腔迭出，充滿生機，在滬上頗受聽眾歡迎。

　　江子誠這人很怪，下海之後正處在當紅之時，卻又收山不幹了，從海裏回到岸上做起了寓公。他出資在威海路辦了一個「紫社」票社，慕者前來學戲，但他又不唱旦角小嗓，而全心研究起武戲來了。

　　當時，瑞德寶嗓子塌中不能唱戲了，常在他家中陪他談天說戲，他則月致報酬，奉為先生。從北方南來的武生如李萬春，茹富蘭等，也都是他的座上賓。當時，不少劇場還重金邀他重返舞臺演青衣戲，可他卻堅辭不碰了。

　　後人中，得到他青衣真傳的只有歐陽予倩一人。1915年，歐陽予倩在丹桂下海演戲時，打炮戲貼的就是《玉堂春》，戲中所用的新腔，都是江子誠親授的。

朱作舟

　　朱作舟（1886～1960），名有濟，字作舟，別號龍沙散人，天津人，出身富裕家庭。自幼迷戀京劇，尤喜武生。家中聘請名師教習，加之個人努力，成績蜚然。

　　朱作舟本人歷任鹽運使、印花稅局、造幣廠、侮關監督等職，於1927年在張作霖稱大元帥時的復內閣中任財政次長，奉軍戰敗出關後，他卸任去天津從尚和玉學戲。時人有詩讚之：「度支管理列朝班，戎馬倉皇掛印還。尚老親傳拿手戲，《金錢豹》與《鐵籠山》」。

　　後來他又私淑楊小樓，演出頗得楊派三昧。當年，他與王庚生、劉叔度並稱天津「票界三傑」。1930年，他在天津創辦了「琴聲雅集」票房，陣容整齊、頗有聲勢。同年10月，朱作舟曾發起舉辦為遼寧水災急賑募款義演。梅

蘭芳、楊小樓、尚小雲、孟小冬等名家，均蒞津門助陣，十分轟動。朱作舟與諸名家合作演出全本《龍鳳呈祥》，梅蘭芳飾孫尚香，朱作舟飾趙雲，好評如雲。

朱老一生票戲多為募捐義演性質，1931 年 4 月江蘇旅津同鄉會舉行懇親會團拜，並在明星戲院演出京劇，劇目有荀慧生《（醉酒》、李萬春《獅子樓》、朱作舟《鐵籠山》、王庚生《群英會》、梅蘭芳《宇宙鋒》。同年在潘復家舉辦票伶合作堂會，特約朱老演出《（嫁妹》和《金錢豹》，其他劇目有侯喜瑞《連環套》、韓世昌《驚夢》·尚小雲與孟小冬《（探母回令》、紅豆館主與尚小雲《風箏誤》。（《京劇藝術在天津》第 359 頁。）

朱作舟的反串戲也有所長，張伯駒先生在《北平國劇學會成立之緣起》一文中記述：「1931 年 11 月，在

《鐵籠山》朱作舟飾姜維

虎坊橋會址成立。是日晚間，演劇招待來賓，大軸合演反串《八蠟廟》，梅蘭芳飾演褚彪，朱桂芳飾演費德功，張伯駒飾演黃天霸，徐蘭沅飾演關太，錢寶森飾演張桂蘭，姚玉芙飾演院子，王蕙芳飾演費興，程繼先飾演朱光祖，姜妙香飾演王棟，陳鶴蓀飾演王梁，朱作舟飾演小姐⋯⋯其餘角色亦皆反串。」

1956 年，天津文化局舉辦傳統戲匯演，藉以挖掘老戲。朱作舟以古稀之年獻演了《金錢豹》，在臺上舞叉，跌撲之勇，藝驚四座，足證其武功之深。

章小山

章小山（1888～1966），亦名曉山、曉珊。旗人，族中排行第五，人稱「章五」。他原為北京鐵路局的高級職員，也是著名的「王派」票友，他工青衣，對王瑤卿崇拜之至。除了苦心鑽研王派唱做之外，對王瑤卿日常的言談舉止

也都盡力模仿。由於他的扮相也酷似王瑤卿，時人有「假王瑤卿」之稱。他是彼時鐵路俱樂部票房的臺柱子。

1923 年，他以票友的身份參加了天津豪門李士偉家堂會演出，壓軸為侯喜瑞與言菊朋、章小山演出《寶蓮燈》，大軸為程硯秋、程繼先《奇雙會》。自此，章小山一炮成名，列入名票之列。

四十年代初，他曾於鐵路俱樂部分兩天演出一至四本《乾坤福壽鏡》，章小山飾夫人，王吟秋扮演壽春，演出效果十分轟動。王瑤卿聞之，特意偕王門眾弟子一起前去觀看。章小山的做、念、唱、表的精到，深深地感動了這位「通天教主」。於是，在眾人的竄掇下，收章小山入了王門。王對章很好，認為他是可塑之材，給了很多指導，使他的演技有了更大的提高。

他曾與言菊朋、程玉菁、王蕙芳、金仲仁、南鐵生、包丹庭等名家合作演出，被報界譽為「票友青衣領袖」。解放後，經王瑤卿舉薦，他到中國戲曲學校任教。

王庾生

王庾生（1889～1971），名元愷，號冷虹，別號「冷紅移主」。天津人，回族，京劇票友，也是著名的戲曲編導、戲曲史家。

王庾生畢業於河北省立高等師範學校，曾在文昌宮學校任教。上世紀二十年代後期，任開灤礦務局職員兼開灤國劇社副社長。四十年代，出任天津第四民眾教育館主任。建國後，擔任天津河北梆子劇團編導。

他自幼酷愛京劇，中學時一邊讀書，一邊學戲。開蒙的文戲老師為吳聯奎，武戲老師為馮黑燈。他曾在隆慶和科班與張英傑一起借臺練功，並

「投軍別窯」王庾生飾薛平貴

且得到楊小樓的指點。他喜愛「譚派」藝術，每值譚鑫培演出必去觀摩。及長結識譚鑫培，《南陽關》、《斷臂說書》、《瓊林宴》、《一捧雪》等戲，均得到譚

鑫培的親授。後來與余叔岩、言菊朋交往密切，共同交換心得。經過多年苦研，終於成為文、武、崑、亂不擋，兼通生、旦、淨、丑各行當的京劇名票。

王庾生曾先後與田桂鳳、十三旦、楊小樓、尚和玉、尚小雲、筱翠花、侯喜瑞、程繼先等許多名伶演過戲。他是藝博且精，可惜嗓音欠佳，故多演做工、念工吃重的戲。被天津票界譽為「票界大王」。顧曲家張伯駒對其十分欣賞，有詩寫道：

> 敝帚豈為席上珍？開瀁往事亦傷神。
>
> 戀頭破帽終難落，可是龍山會里人？

他平生收徒很多，從其問藝者更不計其數。1938 年，王庾生成立了「業餘國劇研究社」，擔任社長並親自執教。其弟子老生有曹藝斌、楊菊芬、徐東明、吳鐵庵、李英斌；旦角有章遏雲、馬豔雲、楊菊秋、崔喜雲、丁至雲、李相心。還有奚嘯伯、楊寶森、李宗義、吳素秋、童芷苓等，都曾得其指教。

王庾生的著述良多，寫有《天津京劇史話》、《京劇生行藝術家淺談》等書行世。還錄有《天雷報》、《陽平關》等唱片。

李适可

李适可（1892～1959），別號「李止菴」，因排行第四，人稱「李四爺」。他出身於懸壺濟世的中醫之家，到他這輩子也是一位名醫。但他還是一位出類拔萃的「余派」名票。

他在學生時代，曾拜師學過「譚派」。執業後，還時常到票房票戲。有一次，余叔言生病，經朋友推介，請來李适可為他看病。李适可醫道精明，三付兩劑中藥服下，便醫好了余叔岩的病。自此，他經常出入余宅，兩人交談、義氣相投，漸漸地就聊上了戲。适可雖是票友，但談起戲來頭頭是道，叔岩也很佩服。久而久之，二人成了最親近的朋友。适可向余請益藝事，叔岩也對他也悉心指導。在張伯駒之後，李适可得到余叔言不少真傳。余叔言去世以後，要學「余派」，就非找張、李二人不可了。

李适可精通音韻，在余派唱腔上多有發明創造，曾經協助余叔言推敲修改過不少詞句。余對李也頗為倚重，余叔岩對外發表過的文字，多出於李适可之手。張古愚先生曾在《梨園軼事》一書中談過：「北京名票李适可與余叔岩有深交，有一天在舊書攤中買來一本小戲考，裏面有《洗浮山》，劇中還有賀天保陰魂「託兆」唱〔反二黃〕，因此拿去見余叔岩。余叔岩看過之後，說

有意思，只是詞太水了，你去編編，咱們請錢金福先生給排排，唱唱這齣戲。」不少人認為，「余派」唱腔中的組成部分，有許多李适可的成分。

李适可的拿手戲有《沙橋餞別》、《失街亭》、《八大錘》、《四郎探母》、《桑園寄子》等，均錄有唱片存世。余叔言有些零碎不全，甚至不曾登臺演出過的唱腔選段，也隨著李适可的票演，發揚於舞臺之上。《沙橋餞別》即是其中之一。這一段，余、李二人有許多不同，有著前後更動過的痕跡。例如「錦袈裟」之袈，李适可唱低腔，余叔言將其提高。在勁道運聲上，余叔言有的唱低，李适可卻將其唱高，這大概是李适可早年學「譚派」的原因所致。李适可的親傳弟子是著名女老生王則昭。

程君謀

程君謀（1894～1967），湖北寧鄉人，出身於封建官僚家庭，排行老四，人稱程四爺。其父程頌萬曾任清季湖北道侯補，身為大儒，又兼嶽麓書院學堂監督。

程君謀生活在這樣一個書香門第、官宦人家，理應承繼祖蔭，經濟仕途。但是他自小酷愛京劇，在家中延請名師指導，工老生，潛心鑽研「譚派」的聲腔藝術，在票界是一位頗有名氣的票友。他自己還組織了「丁巳」票房，設在上海蔡鍔中路的私寓中，自任票首，主持一切。票社

《打漁殺家》程君謀飾蕭恩

成員多為富家子弟。平時，除清唱、排戲之外，還常唱堂會，或到黃金戲院演出，一概不取酬金。程君謀終日浸潤在戲曲生活之中。

程君謀還擅於操琴，經過陳彥衡的指點，演戲、拉琴的技藝均已達到爐火純青的地步，品位之高，內外行無不公認。上世紀20年代中葉，程君謀應荀慧生之約，以票友身份參加了慶生社。與荀慧生合作公演於北京、天津，一炮而紅，深得行家讚許。被稱為「票友中的譚鑫培」，名氣還在譚富英之上。老生中除余叔岩以外，幾乎無人與之抗衡。

於是，一班好友慫恿他下海，程君謀心中也有這一個打算。置辦了行頭，前往北京，報紙也做了宣傳。他父親頌萬公聞之大怒，寫來一封書信，以「宦家子弟不得為伶」之訓，嚴令程君謀回家。程君謀大孝，謹尊父命，卻落了個終生遺憾，只得以「頂級票友」的身份終其一生。

另外，還有一種說法，說程君謀在某次出演《四郎探母》時被人暗算，在《巡營》一場「被擒」時，一個「掉毛」沒走好，從「馬」上摔下，脖子「杵」進肩膀裏去，當場急救，被送進醫院。好了以後就再也不敢上臺了。他在名票上海銀行經理孫養儂的幫助下，謀了一個銀行差使，閒時以教授「譚派」藝術為己任，頗受後學尊重。

早在 20 世紀 30 年代，程君謀就在長城、勝利等唱片公司灌製過唱片，流傳海內外，被視為譚派演唱藝術的典範之作。

何時希曾著文寫道：「孟小冬蓄意與程君謀學戲。小冬與君謀皆杜月笙之恒社社友，常聆君謀之唱，而其清越之嗓，勁亮之唱，又適與君謀同，故願師之。君謀授以《空城計》、《南陽關》等數齣戲。越數載，小冬應聘演於天津，請君謀同往，初謂不欲輟學，求邊演而邊學也。乃抵津之後，小冬謂無君謀佐琴，則易走腔而不敢登臺。乃出「特約程君謀先生操琴」的海報，為小冬當了一期琴師。大家都知道孟小冬為余叔岩得意弟子，小冬能列入叔岩的門牆，是君謀給她做了階梯，君謀之功不可沒也。」

京劇名家孫岳、梅葆玥等都向他學過戲。其他請教過的內行、票友則是不計其數了。

許良臣

許良臣（1895～1980），「譚派」名票，出身於官宦世家，解放前係上海戲院的大老闆。出面組織了春雷社票房，常與張翰臣、王又宸（譚鑫培之婿）、錢朗如、宋小坡等人合作演出。

他的能戲甚多，如《四郎探母》、《捉放曹》、《洪羊洞》等，享譽一時。堪與京票言菊朋，津票王君直分庭抗禮。在上海票界老生中，他與程君謀同享盛名。

許良臣小照

　　許良臣一生錄有許多唱片行世，其中有《連營寨》、《擊鼓罵曹》、《救孤救孤》等膾炙人口。其嗓音蒼厚而澀滯，雖醇厚有味，但是缺乏清剛脆亮之音，這一點常為專家垢病。1960 年後，聘為上海文史館館員。

劉叔度

　　劉叔度（1894～1942），單字名偉，字叔度。祖籍浙江紹興，生於北京官紳人家。信仰耶穌教，自幼入北京錢糧胡同基督教青年會學習英語，接受西方教育。18 歲畢業後，進入天津郵政局工作，於是全家遷至天津落戶。

　　劉叔度嗜京戲如命，自幼家中請有伶人教習，專工老生。最早宗劉鴻升，後來學習汪笑儂，時常票演汪派戲。他演的《逍遙津》、《哭祖廟》等戲，均學得維妙維俏。他不僅擅唱，而且能操琴、司鼓，一專多能。因為家中生活富裕，院落寬敞，曾出資自備戲裝和文武場面，於 1928 年，與孫菊仙一起創辦了「鶴鳴社」票房，邀集同好，定期相聚消遣。

《蘆花河》劉叔度飾薛丁山

　　同時，他還參加了天津知名度極高的「雅韻國風」票房。劉叔度嗓音天賦極佳，高可唱至乙字調，在正工調上還能翻嘎調，而且有韻味，就是伶界也屬罕見。他的吐字發音都很講究，唱腔圓婉動聽，成了「劉派」和「汪派」的繼承人之一。每次票戲，一開口便有轟動。只可惜，他面部表情與做派稍弱，實為美中不足。他擅演劇目有《斬黃袍》、《轅門斬子》、《打寶瑤》、《罵楊廣》、《文昭關》、《取成都》、《御碑亭》、《斷密澗》、《完璧歸趙》、《戰長沙》、《華容道》等。

　　劉叔度為人平易詼諧，喜交遊，與京劇界「四大名旦」及高慶奎、馬連良等均有交往。勝利唱片公司灌有他的唱片《完璧歸趙》、《斬黃袍》、《斷密

潤》存世。三十年代前後，劉叔度和他的妻子刑美儀（青衣票友），經常在郵務工會國劇社活動，演出了不少戲，成為一對名冠一時的「伉儷」名票。

陳遠亭

陳遠亭（189？～1937），哈爾濱中東鐵路管理局職員，工老生，宗譚派，三十年代著名的京劇票友。

中東鐵路管理局原為蘇俄的在華企業，1926年由鐵路職員京戲票友聯合發起組織了業餘京劇團，設在公司位於南崗區西大直街的中東鐵路俱樂部裏。劇團成立後，以高薪聘請名票任教，其中有貴俊卿，顧鈺蓀，李吉甫、趙喜奎等人蒞哈教戲。劇團裏名家雲集，他們還請來華樂舞臺專業樂隊，協助演出。每週彩排兩次，星期三小排，演出折子戲；星期六大排，除折子戲外，還有一齣大軸戲。觀眾多是鐵路職工及其家屬，也吸引了社會上不少戲迷，是當時哈爾濱傳播京劇的重要陣地。

陳遠亭是發起人之一，也是劇團的當家老生。他原是「春陽友會」票房的成員，與余叔岩、恩禹之、言菊朋等過從甚密，能戲甚多。

吳小如說：「我1922年出生於哈爾濱。從四、五歲起，即隨家人到戲院看戲。當時東鐵俱樂部有京戲票房，網羅名票不少。主要人物如陳遠亭、林鈞甫、顧鈺蓀、白希董、韓誠之、傅雪岑等，皆造詣甚深。我看陳的戲相當多，印象也較深。我自童稚之年起即能對老生戲略有鑒賞水平，恐怕跟觀摩陳遠亭的大量演出是分不開的。他的唱功戲如《法場換子》、《魚腸劍》，做工戲如《天雷報》、《滾釘板》，唱做兼備的戲如《罵曹》、《法門寺》，演得都非常精彩。」

1933年，中東鐵路被日偽佔領。蘇籍職工大部分被遣送回國，日偽對中國工人實行殘酷的法西斯統治。日偽當局為控制戲曲界，頒布種種限制戲曲演出的法令，規定藝人演出劇目必須經偽滿洲國「演藝協會」同意，並在的監督下才準許演出。陳遠亭不信這個邪，堅持演出《岳飛》、《后羿射日》等有抗日意義的戲。被走狗告密，日偽以懷疑他為共產黨，而押進大牢。在牢中，他被嚴刑拷打，逼問誰是共產黨，誰是反滿抗日份子，陳遠亭沒有屈服，反而破口大罵，最終被害，慘死在獄中。

李國芝

李國芝（1897～1940），字瑞九，號滋園，安徽合肥人。李國芝的父親李經馥是李鴻章弟弟李鶴章的小兒子，他自小得寵，得到的遺產也最多。李

國芝的母親是曾國藩的孫女，陪嫁亦豐。李經馥死的時候，李國芝才五歲，便承繼了兩處的全部遺產。所以說他自小生在錢堆裏，是個錦衣玉食的大少爺。

成年後，李國芝來到上海開了一間銀行，還投資房地產，在江蘇路上有私人的花園洋房，進口汽車也有好幾部。李國芝不識仕途經濟，一輩子只會花錢，不會掙錢。他愛唱戲，學戲、票戲是他一生最大的樂事。為此，他不惜重金聘請名師教戲，工老生，學「譚派」。這些錢並沒有白花，還真學到不少本事，頗有成績。每每粉墨登場，譚味十足，臺下好聲不絕，是當時公認的上海名票。能戲有《洪羊洞》、《託兆碰碑》、《桑園寄子》等。

二十年代，他花錢辦了個「久記」票房，一切開支自己全包。花錢排戲彩唱，遍邀名角陪演捧場，更是揮金如土。這麼一折騰，只能是車子越乘越大，房子越住越小。戲越唱越火，囊中的錢是越來越少。

他還是幹過一件有趣的事，投資開辦一個李樹德堂電臺，專門播放京劇演唱和故事節目，聽眾可以打電話點播節目。高興時，他自己還要唱上幾段「譚派」戲。人家辦電臺是為了掙廣告錢，他辦電臺是為了自己過戲癮。不過，他的嗓子好，味道濃，還真受海派票友們的歡迎，拴了不少聽眾。

韓慎先

韓慎先（1897～1962），名德壽，字慎先，自號夏山樓主。其父韓麟閣在清季任吏部官吏，家道殷實，喜愛骨董，廣有收藏。此外他還喜愛戲劇，嘗以聽戲為樂，與伶人多有往來。慎先自幼受其影響，聰慧飽學。曾拜師習畫，對歷代書畫、陶瓷鑒定猶為精道，頗受古玩鑒賞界內行尊重。除此之外，他對京劇饒有興趣，也聘請伶人為師，業餘以票戲為樂。

長成後，經乃父允準，在東琉璃廠開了一間古玩店，自己出任經理，主持日常業務。一是本人有其所好，經營之間，以文會

韓慎先小照

友，得開眼界。另一方面，也是為了維持家庭日常生活的龐大支出。

三、四十年代，舉家遷居天津，在長沙路瑞瑋山莊 4 號寓居。韓先生的書房、客廳設在二樓。每當春夏之際，東風拂煦，憑窗而眺，遠山入目、近水臨窗。興來檀板清歌，真如神仙一般，故署名夏山樓主。解放後，韓慎先歷任天津市文化局的顧問、天津博物館副館長和全國書畫鑒定小組成員。對天津市的文物保護、徵集、鑒定工作，做出了許多貢獻。

韓慎先在票界十分有名，他專心研習老生，對譚派藝術最是癡迷。曾拜著名琴票陳彥衡為師，精研譚派唱腔，講究字聲字韻，頗有心得。他天生有一副好嗓子，一張口便譚味十足，而且伸縮有餘、剛柔兼濟，又善於連用，唱起來分外得體、婉轉有味。經過陳彥衡先生的親炙，且親自為他操琴弔嗓，以循序漸進之法，將他的調門長到正工以上。日久天長，嗓音久練成鋼，且清澈如水，更兼悟到了譚腔的深髓，變化有秩，抑揚動聽，受到內、外行的一致推崇。上海蓓開公司曾捷足先登，為他灌製了《朱砂痣》一面，陳彥衡操琴伴奏。二人珠聯璧合、新穎絕妙，一經面市，頗為暢銷。隨著唱片的售賣推廣，韓慎先的名聲不逕而走，揚名全國。

他的拿手老生戲有「三子」之謂，即《法場換子》、《桑園寄子》、《轅門斬子》，唱得是字字珠璣、玉盤傾覆，內外行無不撫掌稱絕。其後，高亭唱片公司也為他灌製了不少唱片。迄今流傳的錄音唱段有《汾河灣》、《洪羊洞》、《賣馬》、《搜孤救孤》、《戰太平》、《朱砂痣》等，依然是學譚的範本。

他與余叔岩十分交好，二人互為師友，互相傳授技藝。余叔岩曾從其學習《南陽關》，他則向余叔岩學習了《戰太平》，這種友誼一度成為劇界美談。但是，韓慎先一生只鑽研唱工，身段和口白欠佳，因此很少登臺演出。王庾生先生曾以惋惜的口吻說：「慎先的條件這麼好，可惜只是半個老生。」儘管如此，瑕不掩瑜，全國各地包括川、鄂諸省，都有人特地來京，向他學戲。在三、四十年代，真算是票友界的一位奇人。他的親傳弟子有日後成名，響譽舞臺的著名老生王琴生、王則昭和王世續等人。

吳小如先生在《京劇老生流派綜說》一書中，對韓慎先評價極高，說道：「作為譚鑫培的第一代傳人，而對於辛亥革命以後的京劇演員影響最大的，應當首推陳彥衡。而在票友中則以韓慎先和程君謀最能繼承衣缽。由於韓、程都見過譚鑫培本人演出，再加上陳彥衡的傳授、點撥，成就自然可觀。」

裘劍飛

裘劍飛（1899～1973），是個混血兒，曾祖父是英格蘭人，父親是當時有名的商人，在上海開有銀行、錢莊、茶葉行，也是裘天寶銀樓股東。不僅有房地產，還有美國紐約電力公司的股票。他的姐姐裘愛琳是著名京劇表演藝術家麒麟童即周信芳的妻子。裘劍飛生長這樣的一個家庭裏，受過東、西方高等教育，更受到京劇的深刻薰染。

裘劍飛小照

他平生熱愛京劇，家裏有自己的練功房，工武生，請有著名教師為之說戲。能劇有《挑滑車》、《天霸拜山》等數十齣，戲裝行頭幾十箱。平時待人幽默，慷慨大方，樂善好施，揮金如土。與章堯泉、汪國貞、周榮芝等人，都是上海享有盛名的武生票友。多次與梅蘭芳、金少山、馬連良、龍厂居士等同臺演出。

他一心要把京劇發揚光大，並為之努力不懈。40 年代，接受美國友人熱情邀請，兩次組織京劇團到美國的舊金山、紐約等地演出。

解放後，裘家的財產全部歸公，成份由工商地主改為城市貧民，生活陷於困境，仰仗周信芳接濟度日。文化大革命一開始，周信芳因演出《海瑞上疏》獲罪，裘劍飛備受株連，被上海京劇院紅衛兵抄家批鬥，受盡折磨，於 73 年含冤而死。

顧森柏

顧森柏（1900～1984），亦名顧慕超，蘇州人氏。原本姓郁，因其姨母嫁給顧家，丈夫早亡，膝下無子，顧森柏過繼顧家而易姓。顧家世為商賈，家道殷實，顧森柏畢業於上海聖約翰大學醫科，畢業後曾為名醫牛惠霖的助手。牛惠霖曾為蔣、宋二家治病而聞名於世。顧森柏喜愛京劇，傳說他在診所工作期間，正是他學戲最勤的年代。他一邊為病人注射，一邊還在哼腔默戲。牛惠霖對此頗有意見，對他說：「醫生心無二用」。不久，他就離開了牛惠霖，自設診所於延安東路九星大戲院隔壁，懸壺濟世三十餘年。

「八‧一三」淞滬抗戰，顧為和平醫院院長，曾深入前線救死扶傷，卓有貢獻。戰後，他在上海為癮君子們戒除鴉片嗜好，而負有盛譽，業務也極為紅火。但在門診之餘，他依然邀集同好，研究京劇旦角的唱、念、表演。票戲演出，擅於博採眾長，勇於創新。旦角名票如高華、翟志馥輩，皆為其座上常客，北角南來也無不蒞其診所拜會，並與之磋研劇藝。四十年代，裘盛戎困於煙霞，潦倒滬濱。顧森柏千方百計為他戒除嗜好，並且不吝資助，使裘枯木逢春，重登舞臺，成為名家。

顧森柏初學「荀派」，因為體型碩長，外表威武，不適於演旦角戲，後來改為文武小生。一齣《八大錘》，內行也為之折服。戲中「戰四將」的武打，「說書」時的言表神態，連周信芳也為之驚歎。常來上海演出的小生江世玉、李德彬、儲金鵬等人，都曾受其教誨。票友而能為內行所崇拜，其藝可想而知。

五十年代中期，正值裘盛戎黃金時代，他飲水思源，念念不忘舊誼，多次向北京市當局推薦顧森柏的劇藝。文化局從善如流，禮聘顧氏北上，專門從事戲曲研究教學工作。顧遂毅然擺脫醫務，放棄了優厚待遇，到北京擔任戲曲研究所研究員。在此期間，寫出了不少有價值的學術論文。

文化大革命開始，他以「反動學術權威」的罪名，備受凌辱。曾被拖到文廟批鬥、毒打。除老舍‧駱賓基、荀慧生、白雲生、侯喜瑞等名家之外，還有顧森柏。其情景與電影《霸王別姬》描述的一般無二。

朱企新

朱企新（1900～199？），蘇州人，出生在一個老派的商賈之家，父親是上海晝錦裏老妙香堂的東家。老妙香堂是專賣胭脂花粉的老店，當時京劇化裝還不用油彩，梨園中人都是老妙香堂的主顧。朱企新在上學時，食住都在店裏。因此，時常接觸一些著名演員，經常看戲，也就愛上了京劇。據他自己回憶，一開始他最愛看武戲，而且最愛看武生何月山的戲。他曾向牛小山問藝，學了《拿高登》、《獨木關》、《潞安州》。

1927年秋，程硯秋來滬演出於老共舞臺，他買了一張在臺上加座的票，看程演的《六月雪》代《法場》，其細膩而有深度的演唱，優美而感人的表情征服了朱企新。他抑制不住對程的崇拜之情，毅然寫信邀請程硯秋戲散後和他共進夜宵。程不但不見怪，竟引為知音，答應了他的要求。程問他為何請

我吃夜宵？朱說我看你演竇娥的下場身段太美了，希望您能教我。程聽後大笑，就搬開桌子走了一遍給他看。一見如故的深情，奠定了他們之間的友誼。二人從此論交，朱研究程藝始終不渝，達六十年之久。

　　他從此就改學了青衣，專工程派。1931 年，他回到了蘇州老家，與富商高賡生一起創辦了「蘇聲社」京劇票房。擔任了票房主持人，在他的熱情工作中，團結了一大批京劇愛好者。票房場地寬闊，有戲臺，可容納三百多人觀看。一年四季彩排，為地方和社會募捐演出，也參加喜慶堂會。是當地影響最大的票房。票友近百人，行當齊全，水平很高。老生王訥齋、楊瀾生、蔡匯川，旦角則由朱企新挑大樑。他不僅能演青衣、花旦，生、淨、丑也很出色。時稱「南方的通天教主」。能戲有《全部紅鬃烈馬》、《六月雪》、《玉堂春》等程派戲。他對荀派戲也深有研究，《紅娘》、《荀灌娘》、《十三妹》演得十分稱手。朱企新本人多次有下海之意，但父親不准，也就罷了。

　　四十年代，票房因經濟拮据而停辦，朱企新轉而出任開明大劇院經理。特別值得一提的是，他為培養後代做出了貢獻。蘇州城南原有一所「育幼院」，要求朱企新幫助他們把那裡的孩子培養成京劇演員。他為孩子們聘請了教師，並且在經濟上加以贊助。然而事與願違，主持人中飽私囊，使計劃流產。

　　新中國成立後，政府讓朱企新組建「蘇州市少年京劇團」。招來學員四十二名，都是十來歲的男女兒童。通過基本訓練和老師們辛勤的培育，孩子們成長起來，例如鍾榮，現在已經是全國聞名的程派傳人。李光榮、韓麗芳、武美玲、王煥如、齊新民等人，也都成為優秀的演員，有的還到江蘇戲校任教。現在江蘇省不少京劇骨幹，都是當年蘇州少年京劇團的幼苗，他們身上都浸注著朱企新的心血。

陶畏初

　　陶畏初（1900～193？），北京人，原為「研樂集」票房票友。三十年代，他與管紹華、奚嘯伯、莫敬一併稱「北京四大老生名票」。

　　在「研樂集」票房期間，與之關係要好的有老生有呂正一，小生鐵麟甫，旦行唐仲三，淨行晁善如、金壽岑、尹小峰，老旦松介眉、金壽田等。他們經常一起合作，演出了不少膾炙人口的大戲。如《四郎探母》、全部《紅鬃烈馬》、《回荊州》等，極受歡迎。民國十八年（1929 年），因同人多去外地工作，票

房一度解散。復由翁偶虹、楊少泉、孟振南等,在什剎海大翔鳳胡同再度恢復,陶畏初仍為票房主力。

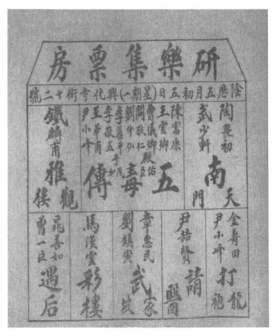

陶畏初的小照與他在研樂集票房演出《南天門》之老戲單

據老人們回憶,陶畏初極其聰明,學習「余派」,頗有相似之處。能戲有《搜孤救孤》、《南天門》、《審頭刺湯》等。可惜身體不好,英年早逝,是票界一大損失。

張稔年

張稔年(190?～不詳),三十年代,北京著名的京劇花臉票友。他高中畢業後供職於協和醫院藥房,身體肥胖而氣大聲宏,天生是一個唱花臉的材料。當年,協和醫院設有內部的京劇票房,是以協和醫院職工為主成立的。著名旦角朱琴心,老生管紹華、丑角金鶴年都是票房的主力,張稔年也是其中的一員,可謂生、旦、淨、丑齊全,協和醫院票房在當時的影響非同一般。百代唱片公司曾請這四位名票灌製了《法門寺》唱片,朱琴心的宋巧姣,管紹華的趙廉、金鶴年的賈桂,張稔年的劉瑾,盛賣一時,實為傳世之作。迄今,仍是一個很好範本。

　　張稔年的花臉宗「錢派」，他的拿手戲
《瓦口關》極具風采，很受時人讚譽。常
與黃桂秋、碧蘿館主、松介眉、王華甫、
董俊峰、季文屏、呂正一、全燕平（即關
醉蟬）、臥雲居士等同臺演唱。張稔年還曾
與名票張澤圃合作《法門寺》，與楊小樓合
演過《連環套》，都留下不錯的口碑。

莫敬一

　　莫敬一（190？～不詳），北京著名票
友，曾在春陽友會走票。最初一心學譚，與
余叔岩相識後，被叔岩的演唱所折服，於是
轉學余派，而且很有成就。高亭、百代公司
都曾為他灌製過唱片行世。他還教了一個
徒弟，名叫曹曾禧，挺有出息。

　　三、四十年代，在北京、天津一帶的票
房演出中，經常可以見到莫敬一掛頭牌的
大名。馬連良先生與他過從甚密，一直保持
很好的聯繫。據一些老刊物記載，早年當紅
的影星白楊、趙丹都曾向他學過京劇。1936
年，他加盟「北寧國劇社」。該劇社鐵路員
工眾多，人才濟濟，生、旦、淨、丑、文武
場面應有盡有，還置辦了全套戲箱，能與大
戲班媲美。演出劇目有《四進士》、《群英
會》、《龍鳳呈祥》等，影響很大。

　　孫莫華在回憶其祖父莫敬一的文章
中說：1950年，莫敬一上了年紀，「和我
們住在一起。住在阜城門外四道口，劉印
房東家。彼時，祖父莫敬一有一張白色卡，
上有姓名、年齡，封面印有中央廣播電臺
出入證明，憑卡可隨時出入中央廣播電臺

《打漁殺家》張稔年飾蕭恩

《定軍山》莫敬一飾黃忠

唱戲。祖父每月進城兩、三次，有時候是會票友，有時候是進廣播電臺辦事。」

「1953 年，父親莫誦西在北京橋樑廠組建的業餘京劇班子裏任團長，因受祖父影響，他唱老生，又是文武場的主帥，打單皮，拉京胡，彈月琴等。祖父為總導演，舞臺總監督。平時父親下班總帶回很多戲迷，聽祖父說戲，跟祖父學戲唱戲。在祖父的指導下，橋樑廠與長辛店機車廠、石景山鋼廠，合演了多場《獵虎記》、《三打祝家莊》、《玉堂春》、《四郎探母》、《烏盆計》、《大登殿》、《空城計》等，甚是轟動，賣票收入全歸橋樑廠，對公司職工的業餘生活作出很大貢獻。文革期間，他以莫須有的罪名被抄家、批鬥，關牛棚，飽受凌辱。」

關醉蟬

關醉蟬（190？～不詳），名銓麟，字燕平、號醉蟬。北京人，祖上為滿清內務府大臣，父親全俊和榮祿是親兄弟，為清末刑部尚書、四川總督。醉蟬自幼嗜戲如命，在 1929 年前後，與其弟關仲麟一起在沙井胡同住宅的南院，組織了「燕居雅集」票房。院中設有練功房、排戲房，清唱室，每月逢三、七兩日排演節日。會員達到 40 多人，還請有名師教戲。武生毓子良、于冷華、溥華峰、武淨張煥亭，小生鐵麟甫，都來指導練功、打把了。醉蟬工小生，最擅窮生。《鴻鸞禧》、《彩樓記》、《評雪辨蹤》等戲最為稱手。曾與不少名家合作，享譽一時。

其弟關仲麟工武生，長靠短打均能，余叔岩、言菊朋都曾得到他們昆仲的幫助。言菊朋、奚嘯伯、金仲仁弟子關維芳、何竹逸、何仲朋、李文溪、汪鑫福等都來「燕居雅集」活動。經常演出劇目《八大錘》、《鎮潭州》、《豔陽樓》、《穆柯寨》，都很有水準。北平名票胡井伯、胡井一、趙仲安等人，也都是社中的中堅分子。

1928 年北伐後，北京堂會戲漸趨冷落，不過民間偶有慶賀之舉，多由「票界」串演，所費不多且能一過戲癮。演出地點多在各大飯莊，如西單的聚賢堂，地安門的慶和堂，金魚胡同的福壽堂，隆福寺的福全館等處。關醉蟬等人就時常在堂會中大顯身手。後來，關醉蟬昆仲家境破敗，票房報散。

繼文屏

　　繼文屏（190？～不詳），北京人，出身封建官宦之家，為清末侍郎繼子壽的後裔。他自幼癡迷京劇，長大亦樂此不疲。自己出資開辦「樂雅和韻」社，聚伶、票兩界名人，薈萃一堂，時而清唱，時而彩排，熱鬧一時。金鶴年、李慶山、王華甫、鐵麟甫、張喚庭、王文源、黃蘭卿、王雲卿等均為此社票友。

　　繼文屏工武生，練功學藝極為刻苦，拿手戲為《金錢豹》。為了表現豹精的勇猛，每次演出都在前台臺角豎一木板，豹精一上場拋出來的飛叉，一定要插在木板上。每演至此，臺下一片轟動。該社的演員有：丑角金鶴年、王華甫、李慶山，小生鐵麟甫，老生王文源，花旦王雲卿等。

蔣君稼

　　蔣君稼（1901～1966），別號星翠館主、玉筍詞人。蔣家是常州旺族，詩人蔣竹莊是蔣君稼的伯父。君稼幼時在名師指導下，先是研習崑曲，最擅《琴挑》、《思凡》。稍長，開始研習二簧，工青衣，是個出了名的小票友。學校畢業後到北京工作，得與眾多名伶交往，技藝大增。加入春陽友會票房時，技術成熟，經常登臺演出。

　　在戲劇史料中，蔣君稼的大名最早出現於 1922 年 10 月 18 日晚，第一舞臺舉行的大義務戲中，全由票友演出。劇目為：《射戟》（鐵麟甫）、《長阪坡》（林鈞甫）、《雅觀樓》（包丹庭）、壓軸是言菊朋、蔣君稼合作的《汾河灣》。大軸是《八大錘》，由紅豆館主飾王佐，侯峻山飾陸文龍。可知彼時蔣君稼已頗有盛名。

蔣君稼之劇裝照

　　1924 年 3 月，張作霖五十賀壽堂會；1925 年 4 月，張宗昌為母祝壽堂會，京中名伶被邀一空。言菊朋、陳彥衡、蔣君稼均以票友身份被邀與會。

　　有一次，蔣君稼在第一舞臺演出《琴挑》和《醉酒》時，陳德霖與王瑤卿在臺下觀看，十分讚賞。自此，蔣君稼拜在王瑤卿門下受教，與梅蘭芳為同門師兄弟。當時評論界認為，他的演唱不在梅蘭芳之下。他與朱琴心、林鈞甫、臧嵐光並稱為票友中界的「四大名旦」。曾與楊小樓、余叔岩、梅蘭芳、尚小雲、程硯秋、筱翠花、程繼先、朱素雲、姜妙香、裘桂仙等合作演出。高亭、蓓開、維克多、謀多利等唱片公司，為其灌製了許多唱片傳世。

　　彼時，許多文人墨客都願意看他的戲，並發自內心的捧他。每有演出，便有許多詩文見於報刊。他的同鄉詩人謝玉岑有《七月一日聽玉筍（即蔣君稼）清唱即席賦贈》詩兩首，寫道：

> 曼聲銷得鬢成絲，陶寫中年幾輩知。
>
> 也有繞梁三日思，禪心飛處更矜持。
>
> 丹成何處脈瓊裾，持偈維摩慨索居。
>
> 輸與麻姑弄狡獪，雨華筵上落珍珠。

　　近日筆者在《常州文博》上見到謝玉岑在 1930 年寫的一副篆書對聯：「要攜青杏單衣，楊花小扇；來聽金荃舊曲，蘭畹新聲。」是用來讚美蔣君稼的。上題款道：「玉筍詞人（蔣君稼）歌聲動海內，自倦遊歸里，遂令世有少陵『此曲只應天上有』之感。屬書長聯，為點竄宋人長短句成二十字，猶不勝繞梁思也。新紀元十有九年，懶尊者並記於周頌橐權之室。」

　　1928 年以後，蔣君稼回到常州從事實業，從此息影舞臺，使不少顧曲周郎為之扼腕。蔣君稼擅工書法，他的許多作者均為世人珍視。解放後，任常州市政協委員、市文聯常委。

包幼蝶

　　包幼蝶（1901～1997），出身上海名門巨賈之家，係著名的「梅派」票友「包氏三蝶」昆仲中的老二。從小受著良好的教育，大學畢業後，均在中南銀行工作。

　　包氏三兄弟皆酷愛京劇，他自幼在家中聘請名師教戲，工青衣花衫。與梅蘭芳一家過從甚密。長兄包小蝶正式拜在梅蘭芳先生名下，幼蝶也曾得到梅氏真傳。加之聰穎勤奮，深獲「梅派」藝術之真諦，成為著名的梅派票友，享有「上海梅蘭芳」之譽。他常與程君謀、言菊朋、紀玉良等名家合作，演出許多梅派名劇。並留有《打魚殺家》、《梅龍鎮》、《四郎探母》等許多唱片傳世。

包幼蝶演唱的優點，一是纖巧細膩，二是嗓子清脆嫩滑，這在男旦中尤為難得；三是音色純正耐聽，婉約多味，有繞梁之妙。包幼蝶說：「從小家人就帶我看很多京戲和地方戲曲，耳濡目染，慢慢感受到京戲的神韻，現在自己要演，雖然沒有科班出身的專業水準，但過去的看戲經驗是很好的借鏡。」

《霸王別姬》包幼蝶飾虞姬

他說：「我是學西方戲劇出身的，但對京劇與西方戲劇兩種藝術形式都喜歡，它們都各具很大的吸引力，只有這樣才可以滿足我對藝術的追求，我就是一個貪心的人。西方戲劇，我喜歡它們的開放和可以用不同的手法和思想去表達，常給人有新的感覺。京劇著重藝術程序，如唱腔、身段、關目、造型等，如梅派、程派、馬派，無論唱腔、身段、舞臺表現都是很美很美的藝術。從規矩成就方圓，開放、傳統各有所長。我的一半頭腦可能很西洋，但另一半很典型中國人，很愛中國許多許多傳統優秀藝術。京劇藝術亦有奔放的一面，但京劇的奔放都像包起來，濃濃的很內在，令人不斷回味。這是它的迷人處。」

在長達半個多世紀的漫長歲月裏，包幼蝶或粉墨登場，或應邀錄音，或被選製片，或受聘講學，對仰之彌高，鑽之彌堅，博大精深的梅派藝術的執著追求與研究始終不輟。尤其到了晚年，更顯出老驥伏櫪的精神，宣傳梅派藝術，力盡心智。

包先生在 1980 年，應香港中文大學和香港藝術中心聯合聘請，由大陸赴香港講學並傳授京劇藝術，深得港方歡迎，後經多方盛情挽留而定居香港。他在香港成立了「京劇研習所」，親自出任社長和教師，對弟子們言傳身教，七十多歲高齡，還時常粉墨登場，把京劇藝術傳播於海外之功著實令人歎贊。

陳小田

陳小田（1901～不詳），江陰來昭人，名琴票陳道安之子。在其父的薰陶下，他從小喜愛京劇，8 歲起開始學戲，初攻老生，倒嗓後改習旦角，宗「青

衣泰斗」陳德霖，成為上海青衣名票。《京劇二百年概觀》一書中說他：「常與梅蘭芳一起研究陳腔，以擅於創製新腔稱於時。」

民國初年，時裝戲很流行，陳道安常命他為新戲改編新腔，然後再傳授一些前來就教的演員，予以推廣。他自己亦灌有《落花園》、《探母回令》及《梅龍鎮》等唱片行世。由陳小田演唱，陳道安操琴，成為梨園經典唱片。

1937 年江陰水災，地方人士組織賑災義演，特邀常熟地區票友參加。陳小田亦從上海回到家鄉參加演出。《玉堂春》、《梅龍鎮》十分成功，在江陰民眾中引起轟動。中年後，陳小田逐漸中止演出，潛心鑽研京劇音韻學，著有《京劇音韻大全》、《京劇旦角唱念淺說》等書，刊行於世。

晚年，他繼承父親遺志，撰寫了 20 多萬字的《京劇音韻問題》初稿，從理論方面研究京劇聲韻。文化大革命期間，此稿在抄家時被抄去，直到十年浩劫結束，落實政策，這部書稿才重新回到他的手中。老先生不顧年老體衰，日夜伏案，反覆修改整理，定稿為《京劇音韻概說》。1984 年，由學林出版社出版了這部學術專著。

陳富年

陳富年（1904～1983），四川宜賓人，係「胡琴聖手」陳彥衡的兒子。自幼受乃父的薰陶，拉得一手好胡琴，一度投師陳德霖、王瑤卿學戲。

1933 年隨父回四川成都定居，由其父操琴，演出《彩樓配》一舉成名，被灌唱片公司製成唱片發行。同年 12 月，陳彥衡病逝後，富年遂長留成都。曾以票友的身份，在春熙大舞臺演出《六月雪》、《刺湯》、《朱痕記》、《雁門關》等劇。同時參加言樂、星六等票房活動。

1945 年，應成都市社會服務處之邀，編導愛國劇目《護國花》，為創辦平民托兒所募捐。成都解放後任新聲

陳富年浪《二進宮》

京劇社編劇。其後又相繼應聘為四川省文聯戲曲研究員，和新聲京劇社編導組組長。先後移植、改編及導演的劇目有《鍾離春》、《穆桂英》、《屈原》、《蔡文姬》和現代戲《奪印》等。

陳富年的主要著述有《京劇前輩念韻初探》，《譚鑫培唱腔集》和《京劇名家的演唱藝術》等書。

喬志鈞

喬志鈞（1905～2007），上海人，是一位實業家，酷愛京劇，在梨園界廣接善緣。因家中經濟條件好，學生時代就請有教習學習楊派武生戲。能演《拿高登》、《長板坡》、《回荊州》等武戲。工功邊式到位，頗有好評。在票界聲望頗高，人稱「喬老爺」。經常參加票友匯串，而且為人灑脫，花錢大方。名伶高盛麟、馬連良等人均曾為其挎刀助演，一時傳為佳話。

中年後喬志鈞身體發胖，開始學習老生，且醉心余派，拜劉叔詒為師。他曾在家中辦票房，常熟路的寓所一度是滬上的「名票俱樂部」。

《甘露寺》喬志鈞（右）飾劉備，馬連良飾喬玄

喬志鈞身體好，長壽，終生倦戀京劇，100 歲生日時，票友們為之祝壽，喬老坐在輪椅上還唱了一段《空城計》，由樓莊棟操琴，十分開心。

楊畹農

楊畹農（1907～1967），出生於安徽桐城的一戶書香門第。少年時期就酷愛京劇，最初學老生，成了當地的一名小票友。1926 年考入復旦大學，來到上海就讀。當時，復旦大學的有師生京劇社票房，其間不乏高手，一些名伶也時常光臨指導。楊畹農就改學了青衣，還擔任復旦大學京劇社的總幹事，禮聘了當時富連成科班老前輩梁喜芳、律喜雲來社任教。

1928 年，楊畹農在學校體育館第一次登臺演出《玉堂春》，當時上海戲迷圈中就紛紛傳言，復旦大學有一位學生嗓音酷似梅蘭芳，而響堂和力度勝似尚小雲。演出那天，海上名票雲集復旦觀劇。楊畹農以他特有甜美圓潤、運行自如的嗓音，使內外行大為震驚。演出的成功和輿論，使楊畹農進一步鑽研「梅派」唱腔藝術，增添了更大的信心。

楊畹農小照

1930 年大學畢業後，楊畹農就職於南京鹽務署任文職科員，公餘仍舊天天弔嗓、練功。由於楊畹農文學底子厚，對人物、劇情、唱詞的理解較深，善於對梅派唱腔的理解和揣摩，學起來真到了神似地步。百代公司和物克多公司爭著為他錄製唱片，在全國發行。

1932 年秋天，楊畹農和畫家謝稚柳聯袂北上拜訪梅蘭芳，二人一見如故。楊畹農的文化素養和待人接物，給梅先生留下深刻的印象，梅蘭芳說：「楊先生的嗓子，內外行都少見」。一連數月，楊畹農成了綴玉軒的座上客。梅蘭芳愛才，親自教了他很多技藝。1933 年長江大水災，梅蘭芳為參加籌款救災義演特地南下，打泡戲為全部《四郎探母》，梅蘭芳深知楊畹農老戲的底子厚，特邀楊畹農演蕭太后。演至「盜令」一場，臺下譁然，因公主、太后的唱幾乎出於一人之口，楊畹農學梅到了亂真的境界。

抗戰期間，楊先生移居重慶，與王蕙芳、趙榮琛先生過從甚密。抗戰勝利，梅蘭芳、程硯秋兩位大師各自攜徒楊畹農、趙榮琛，同臺演出《四五花洞》。當時有「老梅帶小梅，老程帶小程」之譽。

1949 年初，楊畹農先生創建了梅劇進修會，並在電臺教戲。他還與琴票張志仁先生一起將梅派劇目一一記譜整理，對推動和傳播梅派藝術起到了積極作用。1956 年，楊畹農進入上海市戲曲學校任教，培養了李炳淑、楊春霞等一批著名演員。「文革」期間，被紅衛兵迫害，含冤逝世。

從鴻逵

　　從鴻逵（1912～1999），字贊華，回族，天津人。在家中排行在四，人稱「從四爺」。鴻逵先生幼年就讀於南開中學，因極賦音樂天才，13歲即拜在天津名琴票孫朗臣先生門下。學琴之始以為老生伴奏為主。後來經同學介紹，認識了與余叔岩操琴的琴師李佩卿。李佩卿見其手音絕好，便親自為其練功，這是鴻逵先生接觸余派之始。日後，他為津門余派名票蔡挹青操琴弔嗓長達十餘年之久。

從鴻逵小照

　　他的琴拉得好，為「余派」子弟所公認，但他並沒有因此而下海。他從南開大學經濟學院統計系結業後，又轉入稅務專門學校上海分校深造，直至畢業。解放前歷任上海、天津、鄭州、南京等地海關稽查員。

　　鴻逵先生是在1925年開始研習梅派唱腔和伴奏的，並且有幸結識著名琴師王少卿先生。多年的交往中，王對其有問必答。鴻逵先生向其討教了不少梅派唱腔伴奏的寶貴心得，系統研習了梅派劇目，曾業餘為言慧珠、丁至雲等梅派名家伴奏過。

　　鴻逵先生具備深厚的文化底蘊，悟性好，再加上潛心鑽研，不斷實踐，操琴技藝日臻精湛。可以說，包括專業琴師在內，繼承李（佩卿）派伴奏技藝並有深入研究者，惟鴻逵先生一人而已。

　　「伴奏者必須會唱。唱不准、唱不好，不是稱職的好琴師」，這是鴻逵先生的藝術思想。他非常重視一字一句地學唱。為了學準、學好，他曾求教得過余派真傳的名家李适可、趙貫一和張伯駒先生。他當時都一一錄音，並作了記譜整理。鴻逵先生得到真傳的余派劇目加起來有四十多齣。

　　在內行中，孟憲榮、張芝蘭；琴師周家祿、余克良、劉振國、陳平一均是鴻逵先生的高足。王立軍、吳廣江等也都登門求教過。他向業餘愛好者傳道、授業、解惑，得其點撥提攜者不計其數。

趙培鑫

　　趙培鑫（1914～1973），江蘇蘇州人，久居上海。三十年代，曾從產保福學譚派老生，能戲甚多，嗓音甜潤，扮相清雅，舉止瀟灑，頗有名角風度。

　　趙培鑫不僅是位名票，還曾是娛樂業的經營能手。早年，黃金榮創辦的黃金大戲院由放映電影而改演京劇，並且取消了案目制，首創京劇戲院對號入座的制度，很有影響。不久，黃金榮把黃金大戲院轉讓給金廷蓀。金廷蓀則以其子金元聲及趙培鑫為骨幹，把黃金大戲院經營得很出色。他們把金老公館作為演員宿舍，以芙蓉草、苗勝春、韓金奎、李克昌、粉菊花·李富春、張少泉等人為班底，專門邀請京角來滬輪流演出，先後歷時數年之久。凡北方名角，如高慶奎、馬連良、言菊朋、李盛藻、楊寶森、奚嘯伯、李萬春、程硯秋，小翠花、宋德珠，毛世來、章遏雲、王玉蓉等，相繼南來輪番在「黃金」獻藝。為了做好宣傳工作，趙培鑫還出了許多好主意，如在每位名角出演前，必出特刊一冊，十六開本道林紙印刷，三色封面，廣徵評劇名家撰寫的宣傳文字，印製精細，內容豐富，雖屬宣傳品，但不失為珍貴京劇史料。

《搜孤救孤》趙培鑫（左）飾公孫杵臼孟小冬飾程嬰

　　與此同時，趙培鑫依然以票友的身份經常露演。他曾與孟小冬、裘盛戎、魏蓮芳等合演《搜孤救孤》，他扮演公孫杵臼，精彩異常，堪稱空前。

　　1948年，趙培鑫遷居香港經商，且與著名「港票」錢培榮同拜孟小冬為師，從此，棄譚宗余，其藝大進。不幸的是，因為投資紗廠不利，導致誤開空頭支票獲罪，在臺灣服刑。據說，服刑期間還曾演出過《失空斬》，很是精彩。出獄後，他下海從藝，在香港大會堂演出了《失空斬》、《奇冤報》、《捉放宿店》等余派名劇，一度轟動港九，座無虛席。此後，又相繼公演了《烏盆記》、《洪羊洞》、《搜孤救孤》等戲，並且攝製了私家電影傳世。

　　可惜，趙培鑫身體不佳，以後就很少登臺了。1973年，他帶隊赴美國三藩市進行京劇交流活動，不幸生病，旋在舊金山市立醫院因肝疾病逝，享年六十歲。

何時希

　　何時希（1914～1997），京劇票友。上海青浦人。出身於著名的中醫世家，係江南何氏醫學第二十八代傳人。其祖上何元長、何其偉都是著名中醫。何時希上承祖蔭，亦行醫濟世，一生編輯出版《何氏八百年醫學》、《何氏醫案》等中醫專著百種之多，為發揚光大祖國傳統醫學貢獻著著。解放後，任上海市人民政府參事。

《玉門關》何時希飾班超

何時希一生嗜戲，工小生，1947年與曾心齋、金少剛等人在滬辦起了和鳴社票房，請名宿瑞德寶執教，正式拜姜妙香先生為師。並曾襄助姜先生創作了不少新腔，如《雙獅圖》徐宗的〔二黃原板〕，《泗州城》韋馱的〔二黃嗩吶〕腔、四本《太真外傳迎像》高力士的〔大導板〕〔原板〕、《四進士》田倫修書的〔西皮原板〕等。擅演《轅門射戟》、《寫狀》、《琴挑》、《四郎探母》、《小宴》、《群英會》等戲，為「姜派」藝術之發揚光大做出不少貢獻。

他與梅蘭芳、蕭長華、趙桐珊等人交往甚厚。著作等身，除了近百部醫學著述之外，戲劇研究方面的有《梨園舊聞》、《京劇小生宗師姜妙香》、《小生傳記》、《小生舊聞錄》等行世。

閻仲裔

閻仲裔（1915～1966），字逸人。北京人，出身世家子弟，住西城武王侯胡同。閻仲裔係燕京大學畢業，在北京鐵路管理局任職員，也是北京鐵路局業餘劇團的主演，北京名票。他在大學期間，就是學校師生票房中的活躍分子。工青衣花旦，兼學筱翠花，能戲有《二進宮》、《三擊掌》、《紅鬃烈馬》、《烏龍院》等。公餘常到西城官園、鼓樓票房清唱。

後來學了「尚派」，曾得到尚小雲的親自指導。以飾演《四郎探母》的蕭太后最為稱道。五十年代，北京諸票房凡演《四郎探母》，必登門煩請他出山助演，綽號「閻太后」。他還多次以票友身份與吳素秋、梁一鳴、李元春、李韻秋等同臺獻藝。

閻先生喜歡繪畫和詩詞歌賦。曾組織「賞心樂事」詩社，與同好共娛。筆者在中學時期曾參加此社，向其學習詩詞繪畫和京劇。一起學習的還有已故現代書法家戴山青等人。先生每有演出，筆者亦常跟隨到劇場觀劇。這些經歷，對筆者日後熱衷戲劇，研究京劇，影響殊重。

1966年，文革爆起，閻先生因辦詩社，被羅織成「文字獄」。指為《三家村》餘黨，全部詩稿畫作

閻仲裔繪《山水》

被抄被燒，人亦被關押，殘酷批鬥。致使腦溢血、瘁死批鬥現場。八十老母驚恐無依，三天後亦死於非命。記得先生生前曾有詩云：「翰墨文章身世累，蠻箋象管禍之根」，不想竟成讖語。

戎伯銘

戎伯銘（191？～198？），三十年代上海著名的「筱派」名票。他自幼嗜戲，由名伶朱錦芳開蒙，先工青衣，後改學花旦。在觀看了筱翠花在上海的演出後，他那嫻熟的蹺功，深深地迷住了伯銘。於是暗下決心，一定要把這一絕技學到手。

《小放牛》戎伯銘飾村姑

高中畢業後，戎伯銘進入上海電報局工作。為了練好功，他先買了一副尖蹺，用兩條七、八尺長的布把蹺綁在腿上，就大練特練了起來。剛一開始練的時候，只能扶著牆走，還不時地跌跤。不久，漸漸能離牆走了。於是在家也綁上蹺，上樓走、下樓走，終日不脫。在電報局值夜班時，也綁著蹺值班，邊走邊練，每逢假日休息，他就在家裏站在大水缸邊上練蹺。深夜下班回家，有七、八里的路，他就綁著蹺邊走邊在馬路上練圓場。常言說的好，「工夫不負有心人」，夜以繼日的苦練，使戎伯銘練就了過硬的蹺功。

他加入「恒社」後，唱的第一齣戲是《梅龍鎮》，就是綁著蹺演出的。當時上海唱花旦的票友中，翟志馥是藝術精湛連荀慧生都佩服的人，但若論蹺功，戎伯銘可就只此一家了。初戰的成功，使戎佰銘信心十足，更認真地鑽進「筱派」的藝術天地去了。其間，又得到蔣硯香、牛小山、賈碧雲、趙君玉、王蘭芳、林顰卿、芙蓉草等人的指導。尤其得益於筱翠花親自指點的最多，他的一雙大眼睛，出臺一亮相，便是筱翠花第二。因而，他有「票界筱翠花」的稱號。

　　據瞭解戎伯銘的人說，戎伯銘的花旦戲學得很全面，除蹺功外，他還練眼珠子，晚上關了電燈，點一枝香頭，讓眼珠子跟著香頭上下左右轉圈。一齣《拾玉鐲》一般只演三刻鍾，他卻能演七十分鐘，可見如何細膩傳神。《活捉》也是戎伯銘的傑作，他那鬼步圓場，一跑十來個圈，上身和裙子紋絲不動，兩支水袖向後飄揚，如疾風勁柳，美觀好看，以演《活捉》聞名江南的王蘭芳，對他這齣戲也稱讚不已。

　　抗日軍興，戎伯銘奔赴內地，經常為賑災、募款義務演出，與麒派名票朱聯馥合作《烏龍院》、與趙培鑫合演《四郎探母》，與厲慧良合演《戰宛城》，《翠屏山》，觀眾滿坑滿谷，四城空巷。隨後下海，隨軍隊京劇團轉戰南北。解放後，參加雲南玉溪京劇團。曾向關鷫鸘傳授《拾玉鐲》等戲。

宋湛清

　　宋湛清（1915～199？），出身官商世家，係李鴻章族系的姻親近戚，其外公沈玉麟曾任輪船招商局經理，其母與李家載之母是親姊妹，宋湛清是李家載的表弟，二人同歲，只小兩個月。宋湛清出生於蘇州修仙巷 11 號。稍長即遷居上海，住在姨母家中上學。東吳大學畢業後，曾赴美留學，學習無線電專業。他是中國第一臺鋼絲錄音機的發明者。他還在 1946 年籌辦過蘇州利康商業廣播電臺，該電臺的發射機和播音系統都是自己設計安裝的。

　　宋湛清與李家載是昆仲，青少年時期，二人天天廝混在一起，都愛聽京劇，跑票房。據《檔案春秋》（2009 年第 3 期）載：「宋湛清和李家載從小生活在戲迷堆裏，耳濡目染，漸漸對京劇發生了濃厚的興趣，愛看京劇連臺本戲。先是在家裏跟著唱片學唱，後隨為其父親操琴的票友周梓章先生弔嗓子，逐漸懂得了京劇的板眼。可是他們的表舅任鳳苞聽了還是搖頭，覺得這樣瞎唱下去不行，得有個正式的高手來教才行。任鳳苞是鹽業銀行的董事長，與言菊朋稔熟，經濟上曾對言有過幫助。1931 年，在其介紹下宋湛清與李家載正式拜了言菊朋。」

　　據宋湛清回憶說：「言菊朋教戲非常地道，毫無名角架子，他喜歡你提問，不怕你提問，無論你提什麼問題，總是耐心解說，並親自示範，給我們留下了深刻的印象。」就這樣，宋湛清漸漸走上了言派藝術之路。李家載朋友多，社交活動多，有時候時間兜不轉了就由宋湛清一個人去聽，回來再慢慢轉告。他非常聰明，一點就通。他們跟言菊朋學了幾齣戲，如《桑園寄子》、《空城計》、《託兆碰碑》，其中《舉鼎觀畫》和《法場換子》只教過他們兩個。

　　言菊朋傳授宋湛清的是老譚派，因為宋湛清精通音韻格律，又有較高的傳統文化修養，經言先生傳授之後，不僅全面的掌握了老譚派的聲腔、口法、勁頭等等，而且對老譚派的藝術理念和理論也著有很好的繼承。此外，宋湛清還與許良臣、羅亮生、夏山樓主等老先生有著深厚的交情，常常向他們學習和研究技藝。這就使得宋湛清在揣摩譚鑫培唱腔原貌上，更上一層樓。

　　宋湛清一直以票友的身份活躍在戲壇當中。同時為傳播「譚派」和「言派」藝術，做出諸多的貢獻。他時常應邀到戲曲學校、廣播電臺向學生和廣大戲曲愛好者講座京劇。著有《京劇聲腔藝術講述》、《譚派唱腔分析》、《言菊朋先生的聲腔藝術》等書。

周榮芝

　　周榮芝（191？～不詳）上海人，原北京路一間拍賣行的老闆。經商之餘，就愛看武戲。自己花錢請名師，天天習武練功。最崇拜「武生泰斗」蓋叫天，私淑了「蓋派」的《夜奔》《探莊》、《十字坡》。在票房演出中，《十字坡》的「摸黑開打」和「匕首蹤臺」還真幾分神似。為此在上海票屆很有名氣。他和陳不群、王建章、徐韶九、章耀泉一共五人是鐵杆兄弟，一起練功、排戲，都有「下海」之志，要成為專業演員。

　　按當時的規矩，票友沒有師父便為「師出無門」，是不能下海的，周榮芝說，他學武生這一行，要拜就拜蓋叫天，除了他沒有別人。但是誰能從中引見呢？據說，蓋老闆只有三個人能跟他能講上話，一個是麒麟童，一個是梅蘭芳，再有就是徐凌雲了。正好，徐韶九是徐凌雲的公子，周榮芝就要徐韶九幫忙。徐凌雲答應去試一試。結果徐凌雲一說，礙於面子，蓋叫天還真的答應了。周榮芝一跺腳賣了拍賣行，把五個小孩都丟給妻子，杭州一去就是五年。據說有一階段，周榮芝的家中一貧如洗，妻子和孩子的生活實在無法維持了。消息帶到杭州，周榮芝思緒不安，學不下去了。蓋叫天得知後，就拿了一筆錢，叫他周寄回去，囑他安心學藝。

　　周榮芝是蓋門的入室弟子，《打虎》、《蜈蚣嶺》等戲俱得蓋老的真傳實授，但出於種種原因一直沒有下海。解放以後，他曾在安徽省黃梅戲劇團當教師，後來被挖到蘇州崑曲劇團教武戲，都說他的活兒好，但一直未得到舞臺上的施展。

萬國權

萬國權（1919～2017），吉林農安人，中國民主建國會名譽主席，京劇名票。其父萬福麟係國民黨上將，東北軍張學良的部下，曾任黑龍江省督辦、遼寧省主席、二十集團軍副總司令等職。他生在這樣一個家庭裏，讀書之餘，酷愛京劇，尤喜淨行。家中請有名師指點，唱功頗有功底。

萬國權

抗戰時期，隨軍內遷，21歲入重慶中華大學工商管理系學習。在校期間，參加學校票社之外，常到陪都各地票房票戲。能戲有《遇后龍袍》、《魚藏劍》、《牧虎關》等。且與許多京劇演員稔熟。尤其與當紅的「厲家班」、厲慧良、趙榮琛等人相交甚篤。抗日勝利時，他曾與票房劇社彩唱《打龍袍》，頗受觀眾歡迎。大學畢業後，他先後擔任成都市直接稅務局職員和瀋陽直接稅務局課長。

解放前夕在天津開辦了利中酸廠股份有限公司，任經理。解放後追隨共產黨，累任天津市工商業聯合會秘書長、中華全國工商業聯合會常委，中國和平統一促進會會長和全國政協副主席等職。

萬國權在從商從政期間，並沒有忘記對京劇的熱愛和追求，在五十年代初，曾多次與夏山樓主、朱作舟、近雲館主、青雲主人及高勃海等票界名家聯袂演出，商界同仁爭相往觀。

1952年，萬國權與溥銓、陸紀芸、陸繼英學人自購戲裝，組建了一個業餘萬劇團，聲明不以營利為目的，註冊開張，自任團長。全團共集票友50人，生旦淨丑、旗鑼傘報一應俱全。雖是票友劇團，但一般的文、武大戲都能演出。演出的劇目有60多齣。厲慧良、周嘯天、羅蕙蘭等到北方演出時，常應邀一起演出。這個劇團維持的時間很長，一直到江青大搞「樣板戲」，舊劇封箱的1964年，該團才正式報散。萬先生本人也受到衝擊和迫害。

打倒「四人幫」之後，萬先生官復原職，戲癮猶存。1998年帶頭賑災義演，與杜近芳一起合作了《霸王別姬》，萬先生飾項羽，威風不減當年。

楊沔

　　楊沔（1921～2007），著名京劇票
友、琴師，1921 年生於吉林市書香門
第。自幼酷愛京劇藝術，15 歲起在吉
林省政府票房和鐵路局票房活動，得
識著名琴票韓蔭溥、富連成東家牛子
厚的哲嗣牛世勳、盧文喜等人，為他
學習京胡藝術奠定了良好的基礎。

　　19 歲時來北京求學，他飽覽劇壇
群賢的精彩演出，藝術積澱日漸豐
厚。對程硯秋、葉盛蘭、筱翠花等人
的表演藝術如數家珍。他經常到富連
成、榮春社和中華戲校看學員們練
功、排戲、演出，豐富了他的藝術修
養。同年，他與程硯秋先生弟子劉迎
秋、李丹林結識，交情甚厚，每日為
他們調嗓，學會了程派經典劇目《鎖

楊沔晚年演出之《荒山淚》

麟囊》、《賀后罵殿》、《青霜劍》、《碧玉簪》、《荒山淚》等。有時劉迎秋、李丹
林二人在電臺播音室清唱也是楊先生操琴。

　　抗戰勝利後，程硯秋大師重登舞臺，楊先生在新新大戲院一連看七場，
從此正式走上了學程、練程、拉程、演程道路。40 年代中期，楊先生常去東
安市場新中國茶社票戲，非拉即唱，結識了京城票界名流孟廣亨、樂甫蓀、
張似雲、姜鳳山等，受益良多。

　　26 歲時來天津工作，與程派名票陶漢祥訂交，並學習了包括《宇宙鋒》、
《戰蒲關》許多鮮見於舞臺的程派劇目，掌握了程派唱腔伴奏藝術的特色與
規律，藝術上有了長足進步。特別是通過陶先生引薦，他得到了程硯秋和鍾
世章的親自指點。

　　楊先生一生愛戲如命，廣採眾博，對程派唱法和伴奏法研究精深，藝宗
穆鐵芬兼取周長華、鍾世章之長。直到晚年他仍然常與趙榮琛、劉迎秋、李
丹林、郭盛亭、鄧德芹、琴師徐文謨、鍾榮、陳麗華等程派名家和陶漢祥、宋
玉珍、李金鼎等程派名票探討程派藝術，積極參加全國各地舉辦的歷屆中國

京劇票友節活動，與來自不同地區程派內外行交流，是程派藝術在票界的資深研究家和主要傳播者之一。

姚鳴桐

姚鳴桐（192？～不詳），北京人，他原是個沙發廠的小老闆。特別喜歡京劇，能唱老生，專門聘請著名京劇老生教師陳秀華傳授技藝。自己投資組織了一個由票友組成的鳳鳴京劇社。主要成員不少是北京名票，如臧嵐光、南鐵牛、孟廣亨、李适可、秦誠庵、屠楚材、楊幼棠、朱少峰、王仲林、馬風梧等，時常走票演出，很有影響。

由於沙發廠的業務不景氣，為了謀條出路，就通過熟人找到了民辦的北京華聲電臺謀求合作。華聲電台臺長張玉昆也是個京劇愛好者，其愛人朱嬙更是個戲迷。三人合計好以鳳鳴京劇社為班底，再聯合一些專業藝人在電臺舉辦京劇清唱，同時為推銷商品作廣告。剛開始，業務情況有一定的難度。樂隊裏除有少數專業的教師，如李漢卿（琴師）、羅次昆（鼓師）等人外，大部分是業餘的。演員方面，雖然有些名票，但影響力不大。為了加強社會影響，電臺又爭相通過各種關係，把社會上的名角兒請來清唱。彼時市面蕭條，藝人們演出狀況也不佳，因之，一大批京劇界的名伶好佬紛紛加入電臺，演唱各自的拿手好戲。言菊朋、奚嘯伯也常光顧。一時間，華聲電臺名聲大振，經濟收入也頗為可觀。曾是票友的姚鳴桐、孟廣亨也曾在這裡當了幾年副臺長。解放後，電臺被政府接管。

李士勤

李士勤（1925～201？），天津人，1924年生於一個貧苦的工人家庭。小時讀了一點兒書，十五歲就到天津誠孚公司的恒源紗廠當了鉗工學徒。當時的天津，京劇炙手可熱，民間大大小小的票房很多，恒源紗廠也有個供內部職工娛樂的票房，名叫恒源國劇社。由於誠孚公司老闆和紗廠經理都喜愛京劇，又肯花錢，請了不少專業的伶人來社教戲，社裏也聚集了不少知名的票友，時常舉辦演出，所以，在天津還有不小的名氣。

李士勤一進廠，就給票房的鑼鼓聲給迷住了。下了班，也不回家，一頭就鑽進票房裏，從此與京劇結下一生之緣。李士勤聰明機靈，嘴甜又會來事兒，先是主動的給票房掃地，擦窗戶，打掃衛生；接著給老師、票友們打水，支板櫈，深得教師、老票友們喜愛。問他想不想學戲？那可是說到心窩裏了，

跪下就磕頭拜師。由此，他就走進了
京劇藝術的殿堂。他學戲初期得到張
九齡、李盛雲、單國良、周子斌等先
生們的指點，他日日刻苦學練，最終
歸工於武生一行。

1947年，他先拜名武生邢玉昆為
師，學了《八大錘》、《白水灘》、《獅
子樓》、《戰馬超》，又學了大靠武戲
《挑滑車》、《戰冀州》等。等二年，
他在一次天津票社擂臺賽中，以主演
《戰馬超》、《挑滑車》脫穎而出，成
為當時天津票界武生的新秀。

天津解放後，恒源國劇社改組為
恒源業餘京劇團，聘請了名師王庚
生、賀永華等來團執教，使該團演出
水平得到極大提高，成為天津很有影
響的業餘大團。王庚生先生給李士勤
說了不少武老生戲，李士勤成了團裏

《獅子樓》李世勤飾高登

的樑柱。頻繁的演出，也使他積累了很多舞臺經驗。在一次赴京的演出中，
他又拜在了尚和玉先生弟子、武生名票張少良的門下，正式皈依在「尚派」
的行列之中。

張伯駒先生特別喜歡士勤的才華，特意給他說了《戰樊城》和《失‧空‧
斬》兩齣戲。趙坒曾在《中國戲劇》撰文評論李士勤時說：「票友絕大多數以
唱為主，工武戲的極少；能成為武生名票，相當不容易。他們不是玩，而是視
之為事業。他們對京劇藝術數十年如一日熱情迷戀和孜孜以求的精神，深深
感動了我。」他說：「李士勤文學譚、余，武宗尚（和玉），其文武之藝的追
求，已步入頂級境界。李士勤博採眾家之長，向他向趙松樵先生學過《英雄
義》，向傅德威學過《鐵籠山》，李少春給他說過《三岔口》的「拉拳」與「走
邊」，宋德珠給他說過《武松打店》裏的「手窜子」，向張德華學過《盜御馬》
的兩道「邊」；厲慧良給他說了《豔陽樓》。這些真傳實授，使士勤如虎添翼，
技藝了得。

1991 年，李士勤以 66 歲高齡首屆「和平杯」全國京劇票友邀請賽，以長靠武戲《挑滑車》，摘得全國「十大名票」的桂冠。次年，他以《豔陽樓》的表演，獲得「中國京劇名票」的頭銜。李士勤一生演出武生戲 40 餘齣，直到 76 歲高齡還在哈爾濱演出了一回《鐵籠山》。鑒於他在京劇票界取得的成就，1999 年他榮獲「百名文化老人」稱號。

程之

程之（1926～1995），著名電影·話劇表演藝術家。上海人，出生於書香門第，祖父程頌萬，號十發居士，精通詩詞、金石書畫，曾任湖南嶽麓書院學堂監督。父親程君謀，是著名京劇票友，曾灌製唱片十餘張，並整理、出版潭派代表劇目多齣。五十年代末，受聘為上海文史研究館館員。

《空城計》程之飾諸葛亮

1944 年程之高中畢業後，考進復旦經濟系。在其父親的影響下，他亦酷愛京劇，工老生，宗譚派。在復旦念書期間參加學校的票房，時常參與籌募助學金的義演活動。同時，又深受黃佐臨先生的影響，演出《富貴浮雲》，深受各界好評。未及畢業，他就綴學參加了黃佐臨先生創導的苦幹劇團，從此走上了演藝生涯。

1947 年，程之進入文華影業公司。拍攝的第一部影片是《假鳳虛凰》，他在影片中扮演了一個理髮師，有一段自拉自唱的戲，給觀眾留下了深刻的印

象。接著，程之又拍攝了《夜店》、《腐蝕》等十幾部影片。解放後，還拍攝了《雞毛信》、《家》、《紅日》、《魔術師的奇遇》、《苦惱人的笑》、《他倆和她倆》、《子夜》等，有的片中，他只是個小角色，但其精湛的演技，依然迎得廣大觀眾的青睞。

程之的京劇功底，也是有口皆碑。不僅時常到票房裏清唱，還經常彩唱。在臺上的風度不次於專業演員。他演出的話劇《名優之死》中，有一場拉琴唱戲的戲中戲，程之演來熟車老路，把票房裏的工夫都使了出來，得心應手，輕鬆自如，無人可比。

程之對京劇藝術執著的熱愛，使他不停地為光大國粹而辛勤工作。他以淵博的學識，主持了中央電視臺、天津電視臺等舉辦的各類京劇大獎賽並兼任評委；又為上海電視臺主持《說戲談曲》欄目，為普及京劇知識、弘揚民族文化盡心盡力。他在上海國際京劇票房擔任副理事長，為繼承優秀的傳統文化，做出突出貢獻。

為了進了一步傳播「譚派」唱腔藝術，程之為他父親程君謀老先生整理、記譜了五齣譚派名劇，《空城計》、《李陵碑》、《捉放曹》、《擊鼓罵曹》、《舉鼎觀畫》，贈送全國各個戲校作為傳播譚派藝術的教材，為培養青年一代京劇演員力盡綿薄。